JN146804

深井美野子
Miyako Fukai

神楽坂純愛

田中角栄と辻和子

神楽坂純愛◉目次

第四章　坂の町の男と女

第五章　お座敷の表と裏

第六章　「素人さん」の生活

第七章　大きな愛

エピローグ　人生は短し

神楽坂純愛——田中角栄と辻和子

神楽坂周辺地図（当時）

至目白
神楽坂駅
地下鉄東西線
末吉
金満津
新潮社
旺文社
戦前の検番
神楽坂
毘沙門天 卍
松ヶ枝
子どもを育てた
袋町の家
田中土建工業
飯田橋駅
目白通り
東京理科大学
戦後の検番
南町の
田中角栄邸
全盛期の田中角栄
と過ごした家
東京逓信病院
中央線

プロローグ　宿縁か必然か

泣き止まぬ赤子

辻和子《つじかずこ》さんと私とは一一歳違いである。和子さんが神楽坂《かぐらざか》の置屋《おきや》金満津《かねまつ》にもらわれてきたのが、数えで九歳。十分、物心がついていたはずの年齢である。

和子さんは、夜泣きが激しいために、夜ごと浅草《あさくさ》から神楽坂へ車で送られてきた赤ん坊の存在を覚えていない。

金満津には、芸者衆の世話をするために、常時三人のお手伝いさんがいたというから、誰かしらが交代で、子守り役として外を歩き回っていたと想像できる。

和子さんが、赤ん坊の子守り役をさせられたという話は聞いていない。お座敷から酔って帰ってきたお姐《ねえ》さんたちの世話をしたという話は再三聞かされた。

そもそもこの話の発端は、昭和一三年（一九三八年）のある日、私の祖父謙治《けんじ》が、金満津の女《お》将《かみ》の辻むらさんに難題を持ちかけたことからはじまる。

「孫娘の夜泣きで、入院患者が大層迷惑している。むらちゃん何とかならないだろうか」

むらさんは本来の侠気《きょうき》心と、恩人のたっての頼みに、即座にポンと胸元を叩いたという。

「よござんす。私どもにお任せください。夜中起きている商売です。どんなに泣きわめこうが構いやしません」

とは言ったものの……。夜の花街で泣きわめく赤子の存在は、入院患者以上に迷惑蒙《こうむ》ったこと請《う》け合いである。

粋に流れる三味《しゃみ》の音《ね》も、料亭の窓から夜ごと滝のように流れる饗宴《きょうえん》の明かりも、激しく泣き叫ぶ赤子の声に掻《か》き消されてしまう。

そうはさせじと、むらさんはお手伝いさんたちを叱咤《しった》激励《げきれい》し、暗い路地裏に追いやり、一晩中歩きまわらせたろう。

当時巷《ちまた》では、「夜泣き封じの呪《まじな》い絵」というものが売り出されていた。

浅草仲見世《なかみせ》の角の本屋「清水屋」にも、戦後しばらくの間売っていた。

昔の旅装束である、道中着姿の老人が、杖を片手に薄暗い中に立っている図だ。

その顔が鬼なのである。何とも薄気味悪い呪い絵だった。その絵を夜泣き封じと称して、赤ん坊の枕元の壁に逆さに貼っておく。

医者である私の祖父も、またもしかしたらむらさんまでもが、一度は試してみたかもしれない呪い絵である。

しかし、むらさんのことだ。そんな生温《なまぬる》いまわり道をいつまでも取っているはずがない。

そこで登場したのが、むらさんの信頼厚いあの拝み屋だったろう。もちろん、私の憶測《おくそく》ではあるが、それ以外考えられない。

和子さんが言うには、

「怖いのよ。背の低い気味の悪いおばあさんでね」

と。

その拝み屋の老婆は、毎月のように金満津を訪れては仏壇の前に座り、何やら鋭い唸り声を上げていたという。

あの世から死者を呼び寄せ、この世とあの世との情報交換を執《と》りおこなう。口寄せだ。

そのときの拝み声の迫力たるや、背後の柱にビリリッと天井に向かって亀裂《きれつ》が走ったという。

「たしかに、この目で見た」

と和子さんは言った。


置屋金満津を訪れる拝み屋の老婆は、多分俗名「市子《いちこ》」の類《たぐい》であったろう。市子とは、東北《とうほく》地方の「イタコ」が訛《なま》ってそう呼ばれたという説があるが定かではない。大要すると、市子とは巫《み》女《こ》の一名であり、イタコのような歩き巫女を指す。

心霊《しんりょう》、生《い》き霊《りょう》、死霊《しりょう》を、呪文を唱えて招き寄せ、その胸中を語ることを業《なりわい》とする女性である。

戦前の東京《とうきょう》の下町には、そんな職業の市子が数多くいたという。

祖父から聞いた話だが、犬に餌を与えず、ぎりぎりまで放置しておき、餓死する寸前に鼻先に食べものを置く。犬が必死でにじり寄り、口をハァハァさせながら首を伸ばした瞬間、首を切り落とす。そして、その犬の首を塩漬けにしたものをつづらの中に入れ、背中に背負って口寄せに来たと。今際《いまわ》の犬の口を借りて口寄せをするのだ。

花柳界と拝み屋

たしか和子さんが芸者を退いて袋町《ふくろまち》の家へ移ったころだ。神楽坂の坂を上がり、少し下がった先に乾物屋があった。

「そこの鰹節が売れて売れて」

と、私の母寿美代《すみよ》が笑いながら教えてくれた。

何でも「鰹節様」という教祖様が神楽坂で流行っていて、特定の乾物屋で買った鰹節のみの話だが、その先っちょを切って、糸でぐるぐる巻きにして神棚に吊るしておくと、商売繁盛間違いなしと評判だった。

猫と鰹節は相性抜群である。芸者を猫にたとえるのは聞いたことがあるが、客を鰹節に置き換えるのは斬新なアイディアである。鰹節は、見ようによっては卑猥《ひわい》な感じがしないではないが、その先っちょを神様とする発想は、アッパレである。

それでも教祖様にも、流行り廃りがあって、当たって噂になると花柳界《かりゅうかい》は一斉にパッと飛びつく。そして、また冷めていく。

考えるに、金満津を訪れていた拝み屋は、いわゆる市子の類で、戦前から戦後にかけて何人か入れ替わっていると思われる。

辻家はもともと、浅草田原町《たわらまち》に菩提寺《ぼだいじ》があったが、むらさんは晩年思い切りよく墓を処分し神教に衣替えしてしまった。

「大黒様」である。出雲心友教会の信者となったのである。

話は逸れるが、私も一度母に連れられて、向島《むこうじま》花柳界の信者が多いという噂の「浅間の権現様」へ行ったことがある。

母は最初、ヘラヘラ笑っていたが、いざ年老いた白い袴姿の教祖様が現れ、突然神憑《かみがか》りになって野太い男の声に変わると、「ハハーッ」と畳に頭を擦りつけたのには驚いた。

今ではもう何のご神託が降りたのか覚えていないが、多分息子の夜遊びを諫《いさ》めるためのお伺いでも立てたに違いない。

あのときの、祭壇のまわりに所狭しと置かれていたおびただしい数の供えものが、今でも目に焼きついている。

田中角栄の大きな影

神楽坂の石畳に灯りが落ちると、夜の花街が目覚める。

さぁ、夜泣きの赤ん坊の登場である。置屋金満津に緊張が走る。今宵《こよい》も、浅草雷門からはるばる人力車に乗って、赤ん坊が泣くためだけにやってくる。

ある晩、拝み屋の老婆が待ち構えていただろう。今宵こそ、赤子の前世まで遡《さかのぼ》り、その泣きわめく原因を突き止め、因縁払いをおこなうのだ。

結果、私の夜泣きはピタリと止んだ。老婆の唸り声に、その迫力に負けたのだろう。金満津の女将の、「してやったり」の満面の笑みが目に浮かぶ。

もっとも、私の母はその経緯に関しては、次のような冷静な判断を下している。

辻和子さん（36歳）と著者（25歳）。田中角栄氏とのついの棲家となった神楽坂の高台の豪邸の庭で

「きっと、家で雇っていた子守りが、つねっていたのだろう」

と。

それで夜泣きとは、あんまりではないか。今なら幼児虐待レベルの話である。

しかし、私の母も母だ。女医で忙しいとはいえ、「子育てなんてくだらない」

と言い切り、子守りに育

児を任せていたのだから。

結論としては、和子さんと私、たがいの記憶にはないものの、幼いころのそんな出会いが、はたして必然なのか宿縁なのかという問題なのである。

辻家と深井《ふかい》家との古くからの関係からしてみれば、会うべくして会った必然であろう。だが、その後の七十数年にわたるふたりの交流を探るとき、貧困と病弱故に置屋に養女としてもらわれてきた少女と、夜泣きが激しいが故におなじ置屋へ夜ごと運ばれてきた赤子との巡り合いは、人生は予め定められているものなのかもしれないという戦慄《せんりつ》になる。因縁《いんねん》か。

そして後年、一方はときの宰相《さいしょう》田中角栄《たなかかくえい》の想い人となり、片方は物書きとなった。

しかし次の言葉が、ある日突然、和子さんの口から飛び出すまでは、ふたりはまだ何も分からない。

「わたし、わたしの女の一生を書いてみたいの」

私はその言葉を聞いたとき、一瞬怪訝《けげん》な顔をしただろう。

たかが一介の女が、「女の一生」を書いてどうする気だろう。だが、次の瞬間気づくのである。

和子さんの背後にいる、ある大きな存在を。角栄氏である。

あまりにも身近すぎて、気づかなかったのだ。しかもそのときすでに、角栄氏は逝《い》き、恩あるお母さん、金満津の女将辻むらさんもすでにこの世にはいなかった。

私はそれまで、多少物書きの修業は積んできたつもりである。だが、和子さんの「女の一生」を書く気はなかった。私の手に余る。

そこで知り合いの伝《つて》を頼って、ある出版社を当たってみた。その出版社も当初、その依頼の大きさに気づかなかった。それほど、和子さんの存在は、角栄氏の後ろに隠れた影の存在、知る人ぞ知る伝説の女性だった。ずっとむらさんと角栄氏の庇護《ひご》の下、大切に守られ続けてきたのだ。その証拠に、今まで芸妓《げいぎ》時代の写真以外に、和子さんの写真が世に出まわったのを見たことがない。

とくに「炭管《たんかん》疑獄事件」以後、

「今後、何か事件があったとき残っているといけないから、写真、メモ、日記類は燃やすよう」

そう角栄氏に厳命されたのだ。

自宅の庭で田中角栄氏（首相当時）と辻和子さん

第一章　初めての出会い

田中角栄、綾瀬の「別荘」に現れる

大正一二年（一九二三年）九月一日、一一時五八分。東京《とうきょう》に、マグニチュード七・九の大地震が襲った。被害は、神奈川《かながわ》、千葉《ちば》、茨城《いばらき》、静岡《しずおか》東部と、関東《かんとう》一円に広がった。関東大震災である。

その折、私の祖父深井謙治は、入院患者を避難させるため、浅草駒形橋《あさくさこまがたばし》下で船を一艘《いっそう》借り受けた。

船は、燃え盛る炎を逃れるようにして、隅田川《すみだがわ》を下流めざして進んでいった。そして、千葉方面へ通じる中川《なかがわ》へ向かって入っていった。

祖父は千葉県銚子《ちょうし》出身者である。故郷を目指したのだろう。千葉県銚子より流れる利根川《とねがわ》の支流が中川である。

しかるに、中川は俗にいう「中川七曲がり」と呼ばれるほど、川が蛇行して流れる。その複雑な流れに迷い、傍流《ぼうりゅう》の綾瀬川《あやせがわ》に迷い込んだのだろう。綾瀬川の川幅は、隅田川の三分の一ほどである。

国土交通省の水質調査によると、綾瀬川は平成二五年度には「日本一汚れた川」とされてたが、戦前は橋の欄干《らんかん》から水面にダイビングできるほど水は澄んでいた。

祖父は一目でその地が気に入った。ただひとつの難点は、近くに小菅監獄《こすげかんごく》があったことだ。わが別荘から見渡してひとつ目の橋の先、右岸に高い石塀で囲まれたその監獄があった。

小菅監獄は大正一一年（一九二二年）以来、国内最大の監獄だった。収容人員、三〇〇〇人。現在は、「東京拘置所《こうちしょ》」と名前を改め、二〇〇六年に完成した新舎房は、地上一二階、地下二階の、まるで巨大な要塞のような姿になった。

戦前、綾瀬の土手には春先、水色の可憐な花が咲き乱れ、そびえ立つ火の見櫓《やぐら》があった。囚人の逃亡を知らせるための鐘もついていた。

しかし浅草からは船でも通え、なにより小児喘息《しょうにぜんそく》で苦しむ孫のことを考えたからだ。対岸には府立第二中学校があって、孫が小船に乗ってでも通学できると踏んだのだ。

昭和一〇年（一九三五年）、祖父は綾瀬川の土手下に、武家造りの立派な別荘を建てた。

敗戦を綾瀬で迎えたある日。天気の良いのどかな日だった。

祖父が、庭に面した座敷に座り、ラジオを聴いている。誰だろう。知らない男の人が、庭に両手をつき頭を下げている。

私は数えで八歳。モグラが土を持ち上げていくのを棒で叩いている。

天皇陛下の玉音放送だったろう。日本が戦争で負けたのだ。

けれど、それからも空の上では、飛行機が空中戦をおこない、きりもみしながら堕《お》ちていくのを見た。空からひらひらと銀色の細長い紙が、たくさん落ちてくるのも見た。米軍が電波を妨害しているとか、また戦争はもう終わったのですよと教えているかどちらかだったろう。

それから綾瀬の土手の上を、大音響をあげて、トラックが幾台も通りすぎた。一様におなじ歌を流していた。

「何が『リンゴの気持ちはよく分かる』だ」

祖父が、そう言って顔をしかめていた。戦後すぐ、「リンゴの唄」という快活な歌が流行ったのだ。

私は、疎開《そかい》先の茨城県からパラチフスになって東京へ帰ってきていた。浅草は昭和二〇年（一九四五年）三月一〇日の下町大空襲で焼け野原となったが、別荘が戦火を免れて残っていた。

昭和二一年（一九四六年）の夏。その綾瀬の別荘に、辻《つじ》むらさんがひとりの青年を連れてやってきた。

「息子をもらいました」

と、紹介したという。

田中角栄《たなかかくえい》氏、二八歳だった。

辻むらと深井家との関係

辻むらさんと深井《ふかい》家の関係は、私の祖父の代まで遡《さかのぼ》る。祖父は内科医として浅草駒形で開業していた。

じつは、辻むらさんは浅草出身者である。今の浅草一丁目、レコード店「ヨーロー堂」の角を曲がった横丁に住んでいた。

むらさんの義父岩瀬《いわせ》さんが、私の祖父の患者だった。大層「淘宮術《とうきゅうじゅつ》」という占いに精通していた人で、祖父が診察の合間を縫うようにして、毎日のように通い詰めていたという。

祖父は明治一七年（一八八四年）生まれだが、医師になった直後、漢方医の元で書生をしていた。漢方医学とは、中国医学をもとに発展した伝統医学で、漢方薬を投与することで成り立つ医学体系である。

戦前の浅草の深井医院。二階のベランダにいるのが祖父の深井謙治

中国伝来の占いと漢方医学とは密接な関係があった。狭義では「木火《もっか》土《ど》金水《きんすい》」で人体を占い、薬草を調合したという。ここまでくると、人体は謎だらけだが。

ところで、岩瀬家の職業は「女衒《ぜげん》」であった。「衒」とは、売るという意味である。広辞苑によると「江戸時代に女を遊女に売ることを業《なりわい》としていた人」とある。遊郭「吉原」を控えていた浅草では、女衒業は必要悪だったろう。岩瀬さんと祖父は、医師と患者の枠を超えて親交を深めた。その結果、岩瀬さんが亡くなる直前、その娘「むら」さんの将来を祖父に託したという。

浅草から牛込神楽坂へ

祖父は、辻むらさんが浅草から神楽坂へ引っ越し、芸者置屋《おきや》「金満津《かねまつ》」を始めた後からも何かと相談に乗った。とくに金銭面での支えが必要だった。それで、むらさんは毎月のように、浅草を訪れるようになった。

辻むらさんはやがて、神楽坂検番《けんばん》で置屋組合長になった。面倒見が良く、頼まれたら何でも、

「よござんす」

と、胸をポンと叩く女傑《じょけつ》だった。また、弁護士相手に堂々と闘うほど弁も立った。それゆえ、女幡随院長兵衛《ばんずいいんちょうべえ》と噂された。

幡随院長兵衛とは、江戸初期の侠客《きょうかく》で、その子分六〇〇〇人。浅草花川戸《はなかわど》に住んでいた町奴《まちやっこ》の頭である。

辻むらさんは、月末には必ず何がしかの手土産を持って浅草へやってきた。幼い兄と私は、

「お土産のおばさん」

と喜んだ。

ところで、辻むらさんは生涯、独身を通した。それで養女をもらうことになった。「辻和子」さんである。戦後、和子さんは芸者として旦那を持つことになる。田中角栄氏である。

私の母と辻むらさんの関係

辻むらさんにとって、私の母は恩人のお嬢さんである。生涯「お嬢さん先生」、後に「先生」という呼び名を律儀に崩すことはなかった。

それにしても母は、女で生まれたことで何かと得をしたと思う。

祖父が戦時中よく、

「お前が女で良かった。男だったら戦争へ行って死んでいただろう」

と言っていたそうだ。

祖父は、昭和二二年（一九四七年）一一月一日に交通事故で他界したが、その後母の精神的な支えになったのが、金満津の女将《おかみ》「辻むらさん」である。

戦後すぐ母は、神楽坂の検番の診療所へ勤めることになった。祖父の後を継いで浅草で女医として開業し、私たち幼いふたりの子どもと義母を養わなければならなかった母にとって、週二回の副収入は心強かったろう。

ところで、花柳界検番《かりゅうかい》で、男の医師は務まらない。どんな堅物《かたぶつ》の医者でも、男だったら必ず芸者に堕《おと》される。問題を起こすのだ。それで女医に、私の母に白羽の矢が立った。もちろん、むらさんの強力な推薦があった。

新円階級の時代

敗戦後、神楽坂の復興は目覚ましかったという。今振り返れば、昭和二〇年代から三〇年代にかけての神楽坂こそ、第二次黄金時代だったと当時を知る人は言う。

最初に来た客はヤミ屋だった。次に、復興で儲けた土建屋がやってきた。新円階級と言われた人たちだった。

ヤミ屋とは、いわゆるヤミ市で儲けた人たちのことである。彼らは敗戦で無政府状態になった焼け野原の土地を無断で占拠し、農村から持ち込んだ米や生活必需品を売りさばいて儲けた。

一般人は配給制だったが、配給を待っていたら飢え死にする状態だった。高くても買わなければ生きていけなかったのだ。

また、外国人（中国・朝鮮）や外地（満州《まんしゅう》やその他）から引き揚げてきた人、駐留米軍人なども物資を横流しした。

そんな折、政府は、昭和二一年（一九四六年）二月一六日夕刻。突如、第二次大戦後のインフレ対策として「新円」を発行すると発表した。

三月二日をもって、戦前の紙幣は廃止され、旧紙幣の現金化は完全に封鎖された。新円のみを世帯主三〇〇円、家族が一〇〇円しか出金できないようにした。結果、ものの値段が上がり、金の価値が下がった。戦前の国債は紙くずになった。紙幣の価値が、一〇〇分の一になったのだ。

そんな混乱期に紛れて新円で儲けた人たちを、「新円階級」と称した。

「円弥」（和子さん）18歳のとき

田中角栄と辻和子の初めての出会い

関東大震災以前、牛込《うしごめ》神楽坂は新橋《しんばし》、柳橋《やなぎばし》に比べ二流といわれていた。それが、震災で下町の花柳界が焼けると、焼け残った神楽坂へ客や芸者が流れ込んで賑わったという。

料理屋や待合の数、一二〇以上。芸者衆はその数じつに七〇〇人を超えたという。第一次黄金時代である。

それが、震災では焼けなかった神楽坂

が、第二次世界大戦終盤の、二度の東京大空襲で壊滅状態になった。

昭和二〇年（一九四五年）四月一三日と五月二五日の大空襲である。ほとんどの家屋が焼き払われたのだ。


角栄氏との出会いに運命を感じたかという私の問いに、

「いいえ、感じませんでした」

と辻和子さんは淡々とした口調で語った。

ただ、思いやりの深い、気さくな人だとはすぐに分かったそうだ。

初めてふたりが出会った場所は、料亭「松ケ枝《まつがえ》」がまだ仮営業所で、「桃山」という屋号で営業していた戦後間もないころだった。戦前の待合「松ヶ枝」は戦火で全焼してしまっていた。

戦後すぐの建築法では、一軒一五坪しか建てられなかった。一五坪の間取りとしては、六畳二間と少し。または、四畳半ふたつと六畳間。それで、隣にもう一軒建てて、間をはね廊下でつなぐといった違法も犯した。昼間は、廊下を上げておく。

「桃山」が後年、料亭政治で有名になった格式高い料亭「松ヶ枝」に返り咲く前の仮の姿だった。

角栄氏は、中西という設計図を描く方と一緒に訪れたという。

当時角栄氏が経営する田中土建工業が、神楽坂に近い飯田橋《いいだばし》駅北口前にあった。むらさんと和子さんは、かろうじて焼け残った鳶《とび》の棟梁《とうりょう》の二階を借りて、ふたり暮らしをしていた。仲居頭のおみっちゃんは田舎に帰し、むらさんの姪《めい》の円子《えんこ》姐《ねえ》さんも小岩《こいわ》の実家へ帰っていた。その他の芸者衆もみんな疎開《そかい》していなかった。

それで神楽坂に残っていた芸者衆は、総勢八人だけだった。

「その中で若い娘といったら、私だけでしょ。それで呼ばれたのだと思いますよ」

と和子さんは語る。

角栄氏二七歳、和子さん一八歳の初めての出会いだった。

若き日の田中角栄氏

家へ帰りたくない人

「あれは、料亭『松ヶ枝』さんで、冬のことでした」

と面白そうな様子で、和子さんは語る。

「冬、寒いから、炬燵《こたつ》に潜《もぐ》るじゃあないですか」

「松ヶ枝」が新しく建て直したばかりの八畳間だった。掘り炬燵に着飾った若い芸者衆の晴美と和子。それに客の角栄氏三人きりだった。腹這いになって、炬燵から首だけ出して話をしていたという。なんとも呑気《のんき》で贅沢《ぜいたく》な光景である。

今と違って、そのころの掘り炬燵は、足元に焼けた炭火が入れてあった。首を出していないと、二酸化炭素中毒になる恐れがある。

芸者と客の関係とはいえ、若者同士。どんなに楽しい語らいだったろう。それにしても、新円階級の面目躍如である。

やがて晴美さんが、「ちょいと」と廊下へ出ていった。

途端に、ダーンと音がした。

あわてて和子さんも後を追った。

「デーンと倒れた」

と言う。

最後に、角栄氏が出てきた。

「あー、俺も頭が痛い」

タオルで、ねじり鉢巻きをしていた。

それでも男だ。

「おー、大丈夫か、大丈夫か」

と廊下で、ふたりの芸者の看病をしてくれたという。
和子さんが、眼鏡越しに、遠くを見るような目で結論づける。
「お座敷にきたら、いつも長かった。若かったのよ、おとうさんも。なにしろ、家へ帰りたくない人だったから。私たちと一緒に、いつまでもお座敷にいれば良いと思っていたのね」

白昼夢

ある日私は、母に連れられて神楽坂の芸者小路沿いにあった置屋金満津を訪れた。昼も随分経った後だったと思う。なぜなら芸者衆たちが、壁に鏡がずらりと並んだ部屋で、朝食兼昼食をとっていたからだ。

その女《ヒト》は、突然、逆光線の暗い廊下の奥から姿を現した。抜けるような白い肌。もうお座敷へ出る準備をしていたのだろう。浴衣《ゆかた》の襟元《えりもと》から見えるか細い首筋が、べったりと白塗りにされていた。口元の紅《べに》はまださざず、顔だけ残して手の先から足の先まで、全身白い粉でまぶされていた。まるで白粉《おしろい》函から立ち上がったような立ち姿。素足だった。

誰かを探していたのだろうか。庭で遊ぶ私の姿など目にも入らぬ様子で、すぐ踵《きびす》を返すと暗い廊下の先へと消えていった。風呂上がりの肌の匂いを残して。

一瞬の出来事だった。白昼夢《はくちゅうむ》だったか。現実とは思えなかった。

そのころ、東京はまだ空き地が目立ち、多くの女たちは着るものも食べるものも不足していた。顔は煤《すす》にまみれていただろう。

例外はあった。米兵とつきあう、いわゆるパンパンと呼ばれる女たちだった。


別の日、兄が、母に連れられて金満津を訪れた。

衝撃だったろう。

後年兄は、和子さんに告白したという。

「初恋の人です」

お妾《めかけ》さん宅へ子どもを、それも男の子を連れていく母親こそ、責められるべきであろう。けれど、戦前からの辻家と深井家の関係を知れば、納得される人もいるだろう。

その日、旦那さんは、庭に面した陽当たりの良い廊下で、女物の花柄の長襦袢《ながじゅばん》を羽織《はお》って足の爪を切っていたという。

帰宅した母は、誰に言うこともなく怒って言った。

「前途ある青年の前で、恥ずかしくないのかねぇ」

角栄氏が可哀想だ。その家は角栄氏のものだったから。

振り返れば、そのころ、角栄氏は不遇の時代だったといえよう。昭和二三年（一九四八年）一二月。炭管《たんかん》疑獄事件で小菅の監獄に収監され、獄中からの衆議院立候補。当選したものの、田中土建の業績悪化、全国の支店の閉鎖。南町《みなみちょう》の自宅も抵当に入ったという噂だった。

小菅詣で

神楽坂の朝は遅い。通常芸者衆たちがお座敷から帰るのは、早くとも午前零時をまわっている。だからむらさんが家を出るのも遅くなる。当然午前の東京拘置所《こうちしょ》への面会には間に合わない。午後の面会時間は、一時からである。

戦後すぐの交通事情によれば、神楽坂から小菅まで行くには、まず飯田橋駅から省線《しょうせん》（現・JR）に乗り浅草橋へ出る。そこから都電に乗り換えて南千住《みなみせんじゅ》へ向かう。その折、都電は終点南千住駅に着く寸前、泪橋《なみだばし》を通過することになる、むらさんはどんな思いであったろう。講談好きのむらさんである。義賊鼠小僧次郎吉《ぎぞくねずみこぞうじろきち》が処刑されたことで有名な地、小塚原《こづかっぱら》の泪橋を忘れるはずがない。

そして、収監中の角栄氏の行く末をどんなにか案じたろう。

泪橋とは、荒川区南千住にある小塚原刑場の近くの思川《おもいがわ》の上に架かっていた橋の名前である。江戸時代、犯罪者たちが刑場へ行くためにはこの橋を渡らなければならなかった。泪橋は、罪人にとってはこの世とあの世との境目、浮世との最後の別れの場所であった。この橋の上で泪を流したことからこの名前がつけられたという。

戦後間もないころまで、泪橋の石の欄干が道の両脇にまだ残っていた。思川はすでになかった。縁起でもない。次郎吉の処刑話に身震いしながら、終点「南千住」に着いたろう。そこから長い待ち時間を要する踏切を渡る。遠くから見ると本数を変えて見えるお化け煙突も、くっきりと四本見え、目の前に立っている。

再び省線の階段を上る。綾瀬駅へ着くにはさらに三駅か。飯田橋を出てから、一時間半以上かかったろう。

綾瀬駅は葛飾区と足立区の境界線上にある。駅の南側が葛飾区小菅である。東京拘置所までは徒歩で約一五分。秋も過ぎ、冬の日暮れは近い。駅前こそ小さな飲み屋が軒を連ねていたが、省線の下のトンネルを潜れば畑の脇道が続くだけ。すぐ綾瀬川に架かる橋が見えてくるだろう。

綾瀬川から吹く師走の川風が、着物の裾を舞い上がらせる。重いものひとつ持ったことのない人が、両手にずっしりと重い差し入れの荷物を持って。太った体を銀色の低い草履だけで支え、そろそろと綾瀬川を渡っていったのだ。むらさんは当時、五〇歳を少しすぎたころだったろう。けれどこの用務は他の誰にでも任せられるものではない。本宅の奥様は耳が不自由で、小菅まで出向けない。そこで書生が差し入れの品を金満津まで届けにくる。

「和子、お前はじっとしているのだよ」

そう言葉を残して、片道一時間半の「小菅詣で」が連日のように続いたのだ。

思えば一年前の夏、「息子をもらいました」と報告にきた綾瀬だ。その綾瀬の別荘と川ひとつ隔てた、いわゆる別の別荘へ、小菅の刑務所へ再び来ることになろうとは。人生一寸先は闇である。しかもそのとき紹介した恩人は、次の秋交通事故で他界している。

考えるに、角栄氏の拘留はたかだか一ヵ月であった。だが、都合の悪いことに、拘留期間中に年を跨《また》ぐことになった。面会日は平日だが、年末年始は当然面会できない。面会を待つ拘留中の角栄氏にとっては、辛く長い拘留期間だったろう。

面会受付場で身分確認書に必要事項を記入する。はたしてむらさんは何と書き入れたろう。まさか母とは書けまい。友人か。友人でも面会許可は許されたという。

まだ刑が確定していない未決拘禁者の身分なので、角栄氏は縞柄の服は着用していない。その代わり、冬の寒さから身を守るための暖かい服は、すでに差し入れられていた。

鉄格子を挟んで、ふたりは対面する。そのとき警官が必ず立ち会う。会話の内容はすべてメモされる。面会時間は一五分だった。

どんな会話が交わされたろう。頭の良いふたりだ。

「みんな和（和子）、元気ですか」

「ご安心ください。ともに大丈夫です（すべてに問題ありません）」

「おお、それは良かった」

そんな判じものめいたやり取りが交わされたに違いない。

第二章　料亭「金満津」

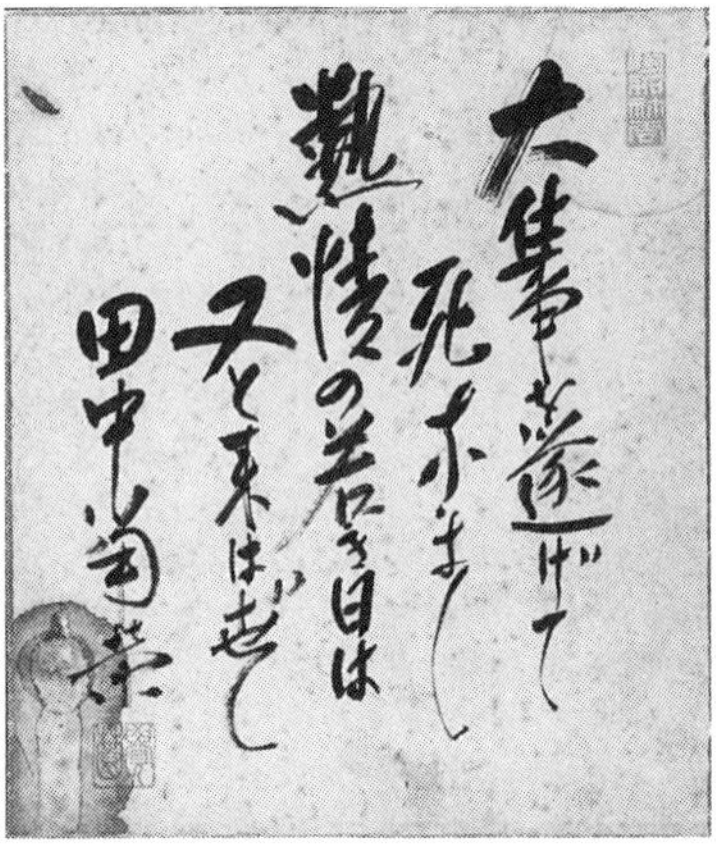

検番の診療所で母が田中角栄氏からもらった色紙。「大仕事を遂げて死なまし　熱情の若き日は又と来はせし」とある

選挙資金

角栄《かくえい》氏は、収監一ヵ月後、出獄できたが、その後の裁判では一審で有罪。控訴《こうそ》審《しん》でやっと無罪を勝ち取っている。その間、二年半の歳月が流れた。

「獄中から立候補したときは、おとうさん本当にお金がなかった」

と和子《かずこ》さん。

そこで、むらさんが選挙資金を工面した。

「借金もしましたよ。合計、三〇〇万円を三回くらい用意しました」

田舎では、二〇〇万円ほどで立派な家が建った時代だ。

結局、その金を取りにきた秘書が金を持ち逃げしたというが、酷《ひど》い話だった。

選挙には、とにかく金が必要である。獄中立候補したものの、先立つものが不足していた。ときのインフレで田中土建の業績が悪化したのだ。借入金の返済が滞り、各地の支店も次々と閉鎖に追い込まれた。

和子さんによれば、

「南町《みなみちょう》の本宅も抵当に入っていたと思いますよ」

角栄氏にとって、人生何度目かの難局を迎えたわけだった。

だが、そんなときこそ、弱きを助け、強きを挫《くじ》く女長兵衛《ちょうべえ》の出番である。

「お任せください」

とポンと胸元を叩いたろう。

「おとうさんは、とにかく、ひまになったのです」

和子さんは、当時を振り返り淡々と話す。

議員の身ではあるものの、議会へ出る以外、角栄氏は金満津《かねまつ》で終日ごろごろしていたという。

見かねた、むらさんが、

「競馬にでも行ってらっしゃいよ」

と小遣いを渡すと、喜んで出かけていったという。

手元不足で、料亭へも遊びにいけない。さあ料亭「金満津」の開店である。

いわばその伏兵時代、角栄氏は誰彼となく朋友の議員たちを金満津へ呼んでもてなしたという。

その中には後の首相となる人がふたりもいたという。彼らも若かったのだ。

もちろん、料亭「金満津」出現にむらさんも異論はなかった。かくして、置屋金満津は、料亭「金満津」に変貌した。

仕出しは「うを徳」、寿司は「寿司作」、中華料理は「龍公亭」、洋食は「田原屋」。うなぎは、当然「志満金」と決まっていた。電話一本で出前してくれる。

さらに、芸者衆とて検番《けんばん》を通さずに斡旋《あっせん》できた。金満津には常時一〇人前後の芸者衆が待機していたのだから。

その上、超売れっ子芸者の「円弥《えんや》」さん（和子さん）も、呼べば他の座敷を差しおいて駆けつける。

角栄さんにとって、これ以上の料亭はなかったろう。そしてその間も、角栄氏の政界における人脈づくりは着々と準備されていたに違いない。

通常、花柳界《かりゅうかい》というものは弱者に冷酷な世界である。

「金の切れ目が縁の切れ目」

「お座敷を一歩離れたら客ではない」

よほどの上客でない限り、昼間道で会っても冷たいものだったという。

神楽坂での一日

当時の日々を振り返って、和子さんが角栄氏の伏兵時代の一日を話す。

「お母さんは賭けごとが大嫌いだった。おおね（本心）は、絶対に負けることが嫌いだったから」

トランプのババ抜き遊びをやっていても、負けると本気で悔しがったという。だから芸者衆たちもそのことを知っていて、マージャンをするにも音が聞こえないように、大きな毛布を頭から被っていた。

角栄氏は花札しかできなかった。だから、いつも角栄氏のほうから、やろうやろうと芸者衆を誘ったという。もちろん、何がしかの小銭は賭けていた。お母さんが来ると、さっと止めた。座布団の下に花札を隠してしまう。そして、知らん振り。

田中角栄氏が愛用した下駄

角栄氏は、金満津にいるときはいつも浴衣《ゆかた》だった。冬は、その上にどてらを羽織る。どう見ても置屋の親爺である。

他の代議士が来るときは、背広に着替える。

「今日はあれが来る、これが来る。みんな呼んじゃうんですよ」

それから、珍しく和子さんが、少し顔を赤らめて言う。

「今思い出しても、恥ずかしいことがあってねえ」

ふたりで庭に面した座敷で寝ていた。昼間。障子を開けたまんま。

「まあ、自然の流れで。呼んじゃったのね。根本竜太郎《ねもとりゅうたろう》さん」

　庭側の木戸から入ってきた。

「あら大変だわ。わたし着替えなくちゃあ」

「いい、そのまんま寝ていろ」

　根本さん、

「オー、オー」

　とそれだけ。言葉が出なかった。

「忘れもしないわね。まっ昼間。まだ子どもができないころでしたよ」

　と和子さん。

「喧嘩もしましたよ。おとうさん、すぐここにあるものを、ポンと投げようとする。わたしが、パッと手を出して捕る。そしてその顔を見てやる。そうすると、向こうが吹き出してしまう。それで喧嘩は終わり」

　そんな不遇な時代こそが、ふたりにとって最も幸せなときだったろうと和子さんは語る。

芸者の旦那という者は

　私の母は太っていた。三八歳まで痩せていたが、その歳をすぎると急に太りだした。

「だからあんたも気をつけなさい」

と言われた。失礼な。

それでも、むらさんに比べれば大したことはなかったが、円子姐《えんこねえ》さんと三人並ぶと、相撲の三役土俵入りが立派に務まった。その中に和子さんが入ると、いっそう華奢《きゃしゃ》に見えて、まるで悪役三人組に囲まれた悲劇のヒロイン風で可憐に見えた。だが実際は、幼いころから散々苦労してきた和子さんに、

「三人とも、おおねは肝が小さい」

と見抜かれていた。

三人はとても仲が良かった。円子姐さんはむらさんのじつの姪《めい》で、ともに浅草育ちだった。私の母とは浅草小学校時代からの幼馴染《おさななじみ》だった。

どこへ行くにも、むらさんと円子さんは一緒だった。揃って花柳界独得の髪型。前髪をたっぷりと膨らませたアップの姿で。ふたりともでっぷりとした体に黒い帯を締めて、深井《ふかい》家の法事へよく出てきてくれた。壮観だった。

むらさんは、初め円子姐さんを金満津家の跡継ぎ、養女にするかどうかで迷っていたが、円子姐さんには実父もいることだしと諦めて和子さんを養女にした。それが大当たりになった。

「和子を養女にして本当に良かった」

と後年、胸をしみじみなで下ろすことになった。

なにしろ、円子姐さんと和子さんの芸者としての売れっ子ぶりが段違いだったから。

「お母さん」辻むらさん（左から２人目）とその右に円子姐さん

円子さんは、その図体の大きさと低音で喋る様子から、どうしても可愛さに欠けていた。年中「お茶を引く」。お客のお呼びがかからないありさまで、金満津の借金の多くは円子姐さんの着物代のせいだったと、和子さんが認めていた。

けれど、むらさんはそんな円子さんがかえって不憫《ふびん》で、せっせと着物代を注ぎ込んだのだ。

実際、売れっ子芸者と売れない芸者との間には、残酷な溝があった。夕方すぎて、どこの料亭からもお呼びがかからない芸者衆は、料亭をまわって、

「こんばんは、今ほどー」

と顔見世に歩いたと読んだことがある。戦前の話だ。

「今ほど」というのは、いつでも伺えますという意味だという。売れない芸者の売り込みだった。

そんな円子姐さんにも、旦那さんができた。かなりの年配者だったが、小伝馬町《こでんまちょう》のメリヤス問屋の社長だった。

その旦那が、母につくづく懺悔《ざんげ》したという。

「妾の踊りのおさらいを見に行く旦那ほど、極まりが悪い者はありません」

女の私には分からない。

角栄氏はどうだったのか。そういえば、角栄氏は和子さんがいつも舞台で男振り、男の舞ばかりを踊るのが気に入らなかった。

「なんでお前は、男ばかり舞うのか」

それでも和子さんは、根っからの踊り好きだった。とくに、「お祭り」とか「船頭さん」とか。

そういった軽くいなせな、立ち役が得意だった。

若い芸者の初恋

戦前、神楽坂の検番には歌舞伎界出身の、一流の踊りの師匠がいた。花柳輔三朗《はなやぎすけさぶろう》さんだった。

最初に和子さんに稽古をつけたのは先代の輔三朗さんだった。

その息子さんが、戦後二代目を継ぐことになったが、先代以上の背のすらりとした男前だった。

当時は代稽古として検番に教えにきていたが、「若旦那」と呼ばれ、芸者衆の間で大変な人気だった。神楽坂ばかりか地元の浅草の芸者衆までが、「若旦那、若旦那」と追いかけまわす。

和子さんも、そんな若旦那に熱を上げた芸者衆のうちのひとりだった。踊りが好きな上に、憧れの若旦那に稽古をつけてもらえる。和子さんの踊りに対する情熱は、日増しに大きくなっていった。

戦局が激しさを増していたそんな最中、ついに若旦那に赤紙（召集令状）がきた。

明日は戦地へ発つという晩のことだった。

「今ね、若旦那たちが米朝《よねちょう》さんに来ている。円ちゃん何時に行ける？　待つように言っておくからさ」

敏子さんにそう教えられて、急いで会いにいった。お母さんには内緒で。話したら、絶対許してくれない。「米朝」とは待合さんの名前だ。

米朝さんの女将が気を利かせて。和子さんと若旦那をふたりきりにしてくれた。今でいう「両想い」は、誰の目にも明らかだった。

「あぁいうときって何も言えない。何も喋れない。若旦那も若かったし。向き合っただけで終わっちゃった」

若い芸者の初恋は、女将さんが「なにごともないうちに」と様子を見にきて、そこで終わり。

昭和一九年（一九四四年）、和子さん一七歳の夏だった。

「結局、他の芸者衆と違って金満津の養女でしょ。若旦那にとっては素人《しろうと》の娘さんとおなじですものね。それに、後ろに家のお母さんが控えていたんじゃあねぇ」

若旦那にとって和子さんは、怖くてとても手の出せる相手ではなかったのだ。

次の日、浅草の芸者衆が、若旦那から頼まれたからと形見の品を届けにきた。戦局はそれほど押し迫っていて、戦地へ赴く男たちは死を覚悟していたのだろう。

今となっては、その届けられた形見の品が何だったか、もう思い出せないほどの淡い初恋だった。

ところで、その形見の品を届けにきてくれた浅草の芸者衆こそ、私の踊りの師匠、「花柳輔《すけ》よし」さんだった。金満津の女将の紹介で私が稽古に上がったらしい。切れ長の目に、細い鼻筋の通った美人だった。

輔三朗さんは、花柳界の光源氏だったのか。後で知ったが、輔よしさんと輔三朗さんはいい仲だったらしい。

しかしたまたまいい女で、いい男と恋愛関係になったとしても、結局長続きはしない。

輔よしさんが、後日私の母に語っている。

「どうしてあのとき、あんな男に、あんなに夢中になったのか、さっぱり分からない」

美男美女の恋は、儚くも短く終わったのだった。この世に、永遠の愛など存在しないのだろうか。角栄氏と和子さんの仲は例外か。

芸者衆になってからの和子さんは、いつも微笑みを絶やさなかった。

「わたしはお客様の前では、常に笑顔を見せていましたから」

彼女はこう続ける。

「芸者の愚痴はいけません。そんな話を聞かされたんじゃあたまったもんじゃありません。お座敷が暗くなってしまいます。浮世の憂《う》さを晴らしに、またはひとときの慰安《いあん》を求めて、高いお金を払っていらしていただいているのです」

「そういう芸者衆がいるんです。幼少時の悲惨な身の上話をとくとくと話す。同情を買えると勘違いしている。たしかにそういう話にほだされて旦那になる奇特な方もいました」

「円子姐《えんこねえ》さんがそうでした。だからいつもお座敷にお呼びがなくて、お茶ばかり引いていたのです」

母の遺言

深井家と金満津家との関係は戦前は父親同士が懇意《こんい》になり、その娘たちがその仲を引き継ぐことになる。そして、そのまた次の世代がいきき する。両家の関係は平成になっても続いた。

母は晩年、和子さんの身を案じ、その将来を娘の私に託した。角栄氏が政界から身を引き、それでも目白の闇将軍として権力を握っていた時代だ。

「和子さんに何かあったら、一度は助けてあげてね」

母は私に頼むように言った。それも一度や二度ではなかった。私にとって、その言葉は母の遺言になった。

はたして、母の不吉な予感は的中しただろうか。その母は、平成八年（一九九六年）に八五歳で逝った。

戦前、金銭面で世話になった辻むらさんが、戦後恩を返す番になった。養女の和子さんに、立派な旦那がついたお蔭だ。

「戦前の借金を、角栄さんから全て返してもらった。でも、新円でね」

と母が、顔をしかめて言ったが、それで恨むことはなかった。それ以上の見返りが、むらさんから返されたからだ。母とむらさんは、本当に和子さん以上の厚い信頼で結びついていた。

週二回の検番での診療の帰り、必ずむらさんに顔を見せ、おみっちゃん手づくりの夕食を御馳《ごち》走《そう》になって帰ってきた。

花柳界の掟

花柳界の人たちは、口の固いことを信条としていた。だが、母に対しては金満津ばかりかその分家筋からも、同業者として迎え入れられていたようだ。

昨夜あったお座敷での驚くべき出来事を、検番に来て母に話すのだ。料亭の女将《おかみ》や置屋のおかあさんたちだった。

自民党幹事長時代の田中角栄氏

どの政治家とどの政治家とが、お座敷でどんな話をしたかといったような秘密話を。

母はある意味世事に無頓着《むとんじゃく》なほうだったが、その日に聞いたわけあり話を、たまりかねたように家に帰って娘に語った。

それらは、驚くような秘話だったのかもしれないが、私には無関係だった。ただ黙って聞いていただけだ。仕方なく。

あれはいつごろのことだったろう。母が神楽坂《かぐらざか》から帰ってきて、興奮したように喋った。

「夕べ、角栄さんが満座の中で、恥をかかされたそうよ」

なんでも一芸者に、

「女を踏み台にして、のし上がった」

と、他の客の前で罵倒《ばとう》されたという。

角栄氏は何も言い返さなかった。言い返せなかった？　言い返したら、その芸者とおなじ土俵で言い争うことになる。

けれど肯定も否定もしなかったところが、かえって真実味がある話として伝わったようだ。

きっとその芸者は、過去に角栄氏とわけありの関係だったに違いない。

以後、料亭の女将の顔をだいなしにしたのだから、その料亭ばかりか神楽坂中からもお出入り禁止である。

両者相打ちである。角栄氏が、幹事長になる少し前のころだったろう。

しかしその芸者が、角栄氏の好みの女性であったことはたしかだ。

和子さんも認めている。

「おとうさんの好きなタイプは、少しおきゃんなところのある女性です」

「おきゃん」とは、御俠と書く。

「女の行動や態度が、活発で軽はずみなところがあること」

つきあうと、火傷するかもしれない女が好きだった。要するに、手に負えないハラハラする女が好きだった。その最たる女性が、あるお嬢様であることは疑いない。

角栄氏のそんな女を見る目について、和子さんも首を傾げて言う。

「なぜおとうさんが、あんなあばずれで、不見転《みずてん》芸者をお妾にしたのか分からない」

和子さんと一緒になる前の、囲っていた芸者のことだ。

本宅の奥様に腰巻まで洗わせたという強者《つわもの》だ。腰巻とは女性が和服の下に腹から腰部にかけてまとう布のことだが、芸者衆は腰の線をきれいに見せるため、いわゆるノーパンである。

そんな旧二号さんとは、おなじ花流界にふたりの芸者を囲うことは許されないという掟のために別れさせられたが、

「あいつは東京のある所に住んでいるんだ」

という言葉に、まだ別れていないなと、ピンときたそうだ。

「おとうさんというお方は、死ぬまでどの女とも別れなかった。だから、わたしと一緒になる前の二号さんとも別れなかった。そう思えるのです。最後まで女の面倒をみた。絶対別れようとは言わないのです」

そこまでの和子さんの言葉は理解できる。だが、続く言葉が理解できない。

「おとうさんの、いいところです。人情家」

和子さんは、嫉妬はしない。

だが、奥様は違った。

「関係のある全ての女と別れてください」

と言った。当然である。

けれど、和子さんには子どもがいる。だから、和子さんだけはいい。


ところで、角栄氏の女性観について、和子さんから聞いた情報を少し書いてみよう。

いつも今の皇后《こうごう》様、美智子《みちこ》様のことを心配していた。

「ご苦労が大変だろう。比較にもならないが、お前なんて幸せだよ」

金満津の女中頭のおみっちゃん、

「字も読みやすいし、頭も切れる」

お嬢様の真紀子《まきこ》さんについては、

「世界中で一番怖い。なぜだか分からないが、怖くて怖くてたまらない」

と言っていた。


それにしても芸者衆は凄い。一目で、男の弱点を見抜くのだ。

そういえば、和子さんも言っていた。

「わたしはいつも、大威張り」

角栄氏は、毅然《きぜん》としている和子さんが好きだったのだ。和子さんは頭が良い。だから、

「お金をください」

などとは、決して口にしなかったという。どんなに苦しくても、黙って耐えていると、角栄氏がじれて、

「お前も何かと入り用で大変だろう」

と大金を渡したという。

そんな角栄氏も、ときおり、女をぶっ飛ばすことがあった。たまりかねての爆発だったろう。

男が女に金を貢《みつ》ぐ。その反対もあるが。それは一体どのような心境から起こるのだろう。恐ろ

しい熱情だ。

和子さんが、つくづく言ったことがある。

「わたしはもう何もいらない。おとうさんが家の地所を私名義にしてくれたから」

飯田橋のお堀を見渡せる高台に、三五〇坪の土地を買ってくれたのだ。そしてその上に、家まで建ててくれたのだった。

それにしても私は、今まであれほど大きなダイヤモンドの指輪を見たことがない。和子さんの薬指に、泡のように盛り上がり、燦然《さんぜん》と輝いていたダイヤの指輪だ。

第三章

過酷な日々から安住の地へ

辻和子の家族

辻和子《つじかずこ》さんの父、山梨吉次郎《やまなしよしじろう》は、祖父の代から続く深川木場《ふかがわきば》の材木問屋「駿河屋《するがや》」の跡取り息子として生まれた。

木場という名称は木材の集積場を指し、その起源は寛永《かんえい》一八年（一六四一年）の江戸大火から始まる。その際木材が各地から船で運ばれ、その集積場となったのが隅田川《すみだがわ》沿岸だった。

深川一帯はさらに下ること江戸元禄《げんろく》一四年（一七〇一年）から、材木置き場と貯木場としての「木場」として栄えた。大火を繰り返した江戸の町においては、材木商は花形商売としてなくてはならない存在だった。

はたして吉次郎時代の「駿河屋」の身代《しんだい》はどのくらいのものだったろう。

私の祖父は明治一七年（一八八四年）生まれだが、実家が倒産したため、深川木場の親類から学費を借りて医大を卒業した。祖父が通った医大は、前身が明治九年（一八七六年）に創設されたわが国最古の私立医科大学「済生学舎《さいせいがくしゃ》」で、現在の日本医科大学である。野口英世《のぐちひでよ》も学んでいる。

その折、祖父が借り受けた学費の総額を今の金額に換算すると、七〇〇〇万円は下らないものである。

思うに、おなじ材木問屋としての「駿河屋」も相当な資産家であったことはたしかだ。

そんな大店《おおだな》の若旦那である吉次郎がある日、一瞬にして家屋、木材ともに失うことになる。関東大震災である。一一時五八分という昼食時であり、火は本所区《ほんじょ》、日本橋区《にほんばし》、浅草区《あさくさ》などと並び深川区《ふかがわ》をも甚大《じんだい》な被害が襲った。深川木場の九割が焼け野原になったという。

和子さんが生まれる、三年六ヵ月前のことである。

震災時、深川方面から見た対岸の様子は、空も地面も炎と煙だけだったという。ただ、川の中は思いの外混乱していなかった。人々が、川の浅瀬に立ちひしめき合っていた。

吉次郎は川の中に竿を立てて、誰か知らない人をおんぶしながら水に潜ったり浮いたりして助かったという。まるで落語の世界である。

「のんきな人でした。でも悪い人ではなかったのです」

和子さんは偉い。どんなに酷い目に遭わされても決して父親の悪口を言わなかった。

震災後、吉次郎一家は同区の平井町《ひらい》へ引っ越すことになる。そして、そこで花屋を始めた。もともと、風雅《ふうが》を好み華道を趣味としていたことが幸いしたのだ。当時、花屋という商売は珍しかった。

そのお蔭か商売は軌道に乗り、和子さんが生まれたころは、家はかなり裕福だったという。

家族構成は父と母、それに九歳上の姉と三歳違いの兄の五人家族だった。

夜逃げ同然で

花屋が順調になるにつれ、使用人の数も増えていった。そしてやがて店は、使用人任せになっていった。その中にひとり、頭の良い小僧さんがいた。

やがて吉次郎は、遊興《ゆうきょう》に酒にと溺れていき店に寄りつかなくなった。そしてお決まりの、自分が借りた覚えのない借金取りに追い立てられるようになっていく。

せっかく繁盛《はんじょう》していた店も、人手に渡るようになった。

そして挙げ句のはてに、一家は夜逃げ同然に葛飾《かつしか》区高砂《たかさご》のあばら屋へと引っ越していった。

高砂の家では、姉がいつの間にかいなくなった。奉公に出されたらしかった。それで、父と母と兄の四人暮らしが始まった。

吉次郎もまだそのころは、働く気力はあったようだ。地下足袋《じかたび》を履いたりして出かけていったが、日雇いの土木作業場で働いた様子はない。酒に酔って帰る日々が多くなった。

とにかく金がない。夕方になると吉次郎がざるを差し出し、

「土手で蛙《かえる》を捕ってこい。晩のおかずにするから」

そう言われて幼い兄妹はざるを持って、中川の土手へ蛙を捕りにいった。米も買えないので、田んぼで拾ってきたタニシをご飯代わりに、蒸し器で蒸して食べた。とにかくその日に食べるものにもこと欠くありさまだった。それでも吉次郎は、昼間から酒浸りになっていた。

食べられるものなら何でも食べた。草から虫に至るまで口にした。

私がそんな和子さんの湿っぽい話を、茶化すように、

「バッタも食べられますよね」

と言うと、

「イナゴじゃあない？　あれは香ばしいのよ」

まるで食通が自慢話をするように、調理法まで披露《ひろう》してくれた。鍋で炒めると油気が飛ぶという。

酒浸りの父と母の死

結婚前の和子さんの母親なおは、タバコ屋の看板娘としてなになに小町といわれるほどの美人だった。吉次郎に見初められ大店に嫁に入ったが、姑や夫に対して一言も言い返せないような大人しい人だった。

そのなおが、高砂に移ってからは心労が崇《たた》ったのか床に伏せるようになった。病名は分からない。医者にかかる金がなかったからだ。和子さん、数えで六歳か。

そんな中でも、吉次郎は相変わらずの酒浸り。

決して忘れられない惨《むご》い出来事がある。ある日幼い兄が、病気で寝ている母親の布団を剝ぎ取り担いで出ていったのだ。きっと父親の酒代に代わったのだろう。

そんなぎりぎりの困窮《こんきゅう》が続く中、母なおの病状が一気に悪化した。そして、築地《つきじ》の聖路加《せいるか》病院に入院したが、呆気なく亡くなった。

その際はさすがの吉次郎も病院に駆けつけ、懸命《けんめい》に看病していたというが、すでに手遅れだった。入院費用は誰が出したのか、分からない。

山梨なお。享年三〇歳。考えるになおは、吉次郎と結婚したとき一五歳であったことになる。短くも儚《はかな》い一生だった。

七歳からの流転の生活

「お母さんが死んでから、もう家族はてんでんばらばら」

そう和子さんが呟くように、兄は、育ての親の叔父さんの元に引き取られていった。

「父と私が残されたわけです」

和子さん、数えで七歳。

それからが和子さんの、本物の流転《るてん》の始まりだった。坂道を転がり出した車輪は、行き着く先まで止まらない。

「ある日、あの小僧さんがわたしを迎えにきました。すでに話はついていたらしく、父は何も言いませんでした」

和子さんは、足立《あだち》区の長屋へ連れていかれた。そこには、若い女がいた。三人家族が始まった。ふたりのことを「お父さん、お母さん」と呼ぶようにと言われた。従うより仕方がなかった。その家にも、ときおり、借金取りがやってきた。和子さんは、幼くとも機転の利く子だった。

「外にとても人相の悪い人がいる。お父さん逃げて」

そう言って逃がしたこともある。小僧さんは、血相変えて逃げていった。


小学校へは、入学式の日に連れていかれたきりで、後はまともに通学した記憶がない。

その代わり、朝になると小僧さんに連れられて、置屋《おきや》めぐりが始まった。和子さんをもらってくれるよう頼みに歩いた。

今のように「児童虐待防止法」もなく、親の借金の代わりに一定期間、幼い子どもを働かせる年季奉公《ねんきぼうこう》は、ごく当たり前のようにおこなわれていた時代だった。

農村では、子守り、女中、農作業の手伝いといった奉公が多かった。その際親は、子どもを差し出す代わりに前借りをして、その代金を持って帰っていった。

置屋めぐりでは、将来は芸者になるべく仕込まれるわけで、貧しい家庭の女の子の奉公先としては珍しいことではなかった。

小僧さんは幼い和子さんの手を引いて、都内のあちこちへ出かけていった。置屋ばかりか、住み込みの下働きとして雇ってくれるよう旅館へも頼みにいった。

けれど、どこも身元がはっきりしないという理由で断られた。

たまに引き受けてもらえたとしても、長続きしなかった。二、三日で帰されることが多かった。それというのも栄養失調で体はガリガリに痩せ、とても長生きしそうに見えないからだったろう。

一日中あちこち引きまわされるうちに、やがてものを食べる気力も失せ、梅干しを入れたお粥さえ喉を通らなくなった。

そんな弱りきった和子さんの姿に、小僧さんは焦ったのだろう。一日も早く何とかしなくてはならない。どこかもらってくれそうなところならどこでも良いと、連日和子さんをなお一層連れまわすようになった。

遊郭《ゆうかく》や置屋さんに

「洲崎《すさき》にも連れていかれた」

と和子さんが、一段と声を潜めて言った。

洲崎とは、江東区《こうとう》にあった明治から続く遊郭である。洲崎は明治時代上野《うえの》の根津《ねづ》にあった遊郭だったが、東京大学が近くにあったため風紀上良くないという理由で移されたという。地図で見ると、西と南には遊女が逃げられないように造られた掘割《ほりわり》が今も残っている。

その娼館のひとつに連れていかれたという。

その後、洲崎は昭和三三年（一九五八年）の「売春防止法」の完全施行（前年施行に一年間猶予）以来、吉原とともにその番地さえ失った。

営団地下鉄（現・東京メトロ）東西線木場駅から徒歩五分界隈のいわゆる赤線地帯は、今はもうない。

戦後赤線地区だった時代は、洲崎の入り口には大きな赤線の門が建ち、そのアーチ状の看板の上には「洲崎パラダイス」という文字がネオンで輝いていたという。

洲崎でも断られて、次に向かった先は、亀戸《かめいど》の置屋さんだった。

真冬の寒い日だった。玄関の上がり縁に火鉢が置いてあった。思わず腕をのばして手をかざしていると、旦那さんが出てきて、いきなり手をぴしゃりと叩かれた。

「そんな当たり方をするもんじゃあない。もっと遠くから当たるんだ」

怒られた意味が分からず思わず手を引っ込めたが、なんて冷たい人だろうと顔が青ざめた。

だが後になって分かったことだが、そんな火鉢の当たり方をすると火ぶくれして、芸者の手として使いものにならなくなるということだった。後々感謝したという。

結局そこも、数日で帰された。

「優しくされたこともあるのよ」

どんなに過酷な日々だったとしても、優しくされた思い出もある。

北区の尾久《おぐ》の置屋さんでは、とてもきれいなお姐さんがいて親切にされた。芸者衆の脱いだ着物の後片付けをしていると、ポンと飴玉を放り投げてくれた。また深夜、残り湯に浸かっていると、小さな皿にのせたぼた餅を、そっと手渡してくれた。暗い風呂の中で、ひとり食べたという。

朝早くの腹這いになっての雑巾《ぞうきん》がけは辛かった。手が寒さでかじかんで、雑巾が上手く絞れなかった。でもあのきれいなお姐さんが踊りの稽古をしているのを、庭先で掃除をしながら眺めるのは好きだった。女将《おかみ》さんからは、いつも怒鳴られてびくびくしていた。

そこも数日で、帰された。

五〇円で売られて

最後に、和子さんが連れていかれた先は、牛込神楽坂《うしごめかぐらざか》の置屋「金満津《かねまつ》」だった。そこには、思いがけない女がいた。

会いたいと夢にまで見た姉、その姉がいたのだ。それまで女中奉公に出されたとばかり思い込んでいた姉が、芸者として現れたのだった。

「これだけは、言いたくはなかったのですが、姉がいましたでしょ。たいへんな美人で、お姉さんひとりが苦労したのでこれまで黙っていましたが、その姉が小僧さんに騙されて先に芸者にされていたのです」

なぜ和子さんを最初から、金満津へ連れていかなかったのかがこれで分かる。行けば女将に、「人でなし」

と罵倒《ばとう》されることはたしかだった。

上手いことばかり言って姉を売り飛ばし、それっきり音沙汰《おとさた》なしで、またしてもおめおめとその妹を売りつけにきたのだ。

「わたしの体のあまりの弱さに恐れをなして、このまま死んでしまっては元も子もなくなると思ったんでしょうね」

人間、ここまで悪になれるものだろうか。

しかし金満津の女将も抜け目がない。相手の弱り切った様子に足元を見ての安値叩きではなかったろうか。

それにしても和子さんのあまりの衰弱《すいじゃく》ぶりに驚いて、女将がたまりかねたように、にんにく入りの味噌汁をつくって、

「精がつくからお飲みよ」

と差し出した。

「その小僧さん、ちょいといい男だったんですよ。姉さんが好きだったと言ってたんで、仕方なかったかなと」

結局、和子さんも金満津へ売られたわけだ。五〇円だった。思うに、安ものの夏帯が二本買えるほどの値段だったろう。

その卑劣《ひれつ》な男はついに念願かなって、金を懐に去っていったのだった。

「あの男、まだ生きているかもしれませんよね。もう、死んでしまったかな。その後のわたしの人生を知ったらどう思うでしょうか。ときどき、考えるのです」

七九歳の和子さんは当時の惨状を他人事のように語るのだった。

姉は神楽坂一の美人芸者

ところで和子さんの姉は、神楽坂一の美人芸者と噂されていた。一体どんな美人だったのだろう。

そこで思い出すことがある。

江戸時代、江戸の谷中《やなか》の笠森稲荷門前の水茶屋「鍵屋《かぎや》」で働いていた看板娘、「笠森お仙」である。

その立ち姿を、鈴木《すずき》春信《はるのぶ》が錦絵に描いた。それが評判を呼び、江戸中を駆けめぐったという。他に、ふたりの美人。

浅草寺四大山の楊枝《ようじ》屋「柳屋」の「柳屋お藤」。二十軒茶屋の水茶屋「蔦家《つたや》」の「蔦屋およし」。この三人をして、「江戸三代美人」ともてはやされたという。和子さんの姉も、江戸時代に生きていたら、さだめし錦絵に取り上げられたであろう美人だった。

背は中肉中背。なになに小町と評された母親似だったろう。春信描くところの、うなじの細い柳腰の、目鼻立ちの整った正統派の美人だった。ただし、和子さんに比べ愛嬌《あいきょう》には欠けていたが。けれど、もし黒の紋つき裾引きの衣装、髪は島田に稲穂のかんざしという正月の「出の衣装」で立ち現れたら、どんなに美しかったろう。想像できる。

そんな美人の娘が一五で男に騙され、芸者に売られてしまったのだ。しかし、美人を男は放っておかない。後に、大手のスタジオ会社社長の正妻に収まっている。

懐かしい牛込神楽坂

夜の神楽坂。和子さんはもう帰らぬ日々を、ことあるごとに懐かしんだ。

「ときどき戦前のことを思い出すと昔の神楽坂が懐かしくて、ほんとうに良い時代だったなぁと思うのです」

夕暮れともなると、坂の両脇に夜店が出て、お座敷へ向かう芸者衆が腰を屈《かが》め、

「御免くださいませ、御免くださいませ」と通りの向こう側へ渡っていく。賑わいは夜の一二時近くまで続いたという。三味《しゃみ》の音《ね》が、横丁の黒板塀に跳ね返り、料亭の窓から漏れるざわめきや明かりは、明け方近くまで途切れることはなかった。

神楽坂名物といえば、熊の形をした「熊公焼き」だった。中にあんこの入っている、今のどら焼きだ。街のいたるところで売っていた。店先に宣伝用に、生きた子熊を繋いでいる店もあった。金満津の女将は、生涯独身を通した人だったが、和子さんを養女にしてからは、母親の真似ごとくらいはした。

よく坂の上の角にある「紅や」へ連れていってくれた。ケーキ類を並べてある喫茶側と、ちょっとした軽食を食べさせる店舗が並んでいた。

真ん中の扉が、クルクルまわる回転扉だった。その扉を手で押して入るのが嬉しくて、何度もクルクルまわして入り直したものだった。店の売りものは、当時としては西洋風でしゃれていた、現在の「ハムトースト」だった。焼いたパンを三角形に切って、真ん中にハムを入れただけだったが、とても美味しかったという。

神楽坂には他にも美味しい店がたくさんあった。

「田原屋」はもうない。二〇〇二年に閉店してしまった。戦前から、水菓子屋と洋食店が中庭を挟んで縦に分かれていた。

水菓子といえば果物のことで、要するに店先に、林檎《りんご》とか、バナナ、ぶどうが並んで売られていた果物屋だった。けれどふつうの八百屋で見る果物より高級そうに見えた。実際、高級品だった。

「田原屋」は、飯田橋《いいだばし》駅側から神楽坂を上り、毘沙門天《びしゃもんてん》の数軒先にあった。

金満津の芸者衆の中に、藤山愛一郎《ふじやまあいいちろう》のお妾《めかけ》さんがいたが、

「田原屋のビフテキさえ与えておけば大丈夫」

といった話を母から聞いたことがある。当時先生は、七〇をとうにすぎていたと思う。各花柳界に、七人のお妾さんがいたという噂だった。それで海外へ出掛けると、いつもおなじハンドバッグを七個買い求めたという。

その他「田原屋」には、永井荷風《ながいかふう》、菊池寛《きくちかん》、佐藤春夫《さとうはるお》。古くは、島村抱月《しまむらほうげつ》、松井須磨子《まついすまこ》といった有名人もよく訪れたという。

戦後は、サトウ・ハチローが通った店として有名だった。私も会ったことがある。

本多横丁の「若松」へも、よく連れていってくれた。化粧前の芸者衆が立ち寄る、甘味処だった。おでんに茶飯、鍋焼きうどんにお雑煮。女性が好む食べものばかりだった。

変わったところでは、焼き芋に注射をして甘くして売っていた「春駒」。本職はお汁粉屋さんだった。

それから「グリル三国軒」も美味しい洋食屋さんだった。

昭和23年8月、神楽坂の祭りで（前列右から4人目が和子さん）

板挟み

養女になって一番辛かったことは、やっと巡り合えた姉と仲良くできない雰囲気が金満津にあったことだ。

相性が悪いのか、どうもお母さんと円子姐さんが姉を嫌う。

「何だよ、美人だからってお高くとまっちゃって。芸も愛嬌もないくせに、芸者が務まるものかい」

夜、枕を並べて寝る段になって、必ず姉の悪口が始まるのだった。和子さんを真ん中に、いわゆる川の字になって眠るのだが、眠った振りをして聞いていた。

たしかに姉は一見つんと澄ましたところがあり、お高くとまっていると誤解されがちだった。そういう顔だから仕方がなかった。だが実の姉であり、大好きな姉だったから、いたたまれない気持ちだった。

悪い男に騙されて芸者にされてしまったことはさておき、貧困の家庭をなにがしかの金を送り続けて助けたのも姉のはずだった。

実母が亡くなったときの入院費用も、姉が稼ぎ出した金だったとわかった。

だから、

「お姉さんひとりに苦労をかけた」

といつも申し訳なく思っていた。

その姉を口汚くののしるお母さんと円子姐さんが許せなかった。けれどそう思うこと事体「恩知らずなこと」だと子どもも心にも分かっていた。耳を塞ぐ以外、できなかった。

お母さんに対しては命の恩人だし、悪く思うことすらできない立場にいたが、毎晩姉の悪口を聞かせられるほど辛いことはなかった。

その上、和子さんが金満津の養女になってからは、いい気なもので、父も神楽坂へ越してきて鳶の棟梁の二階を借りて住むようになった。ただそこには夜寝に帰るだけで、昼間は金満津に来てぶらぶらして、バーバの面倒などをみていた。

それが子ども心にも気兼ねで、気兼ねで、立つ瀬がなかった。酒も止めていなかった。

そのころ、和子さんはそれまでの貧しさが祟《たた》ったのか、結核《けっかく》にかかり肺門リンパ腺が腫れ、微熱に悩まされるようになっていた。

省線《しょうせん》と都電を乗りついで、懇意《こんい》にしていた浅草雷門《あさくさかみなりもん》の医者、私の祖父のもとまで治療に通うのだが、その通院さえもが耐えられないくらいの疲れようだった。

「どうしてこんな弱い子をもらったの」

と言われて、

「だって、わたしがもらわなくちゃあ、この娘《こ》死んでしまうんですよ」

といったやりとりがあったくらい、体が弱かった。

ふつうに元気になるまで、二年以上かかった。それでも結核は当時「不治の病」といわれていた時代で、完治は難しく、二〇歳くらいまで微熱が取れなかった。

夜間小学校入学

明治二三年（一八九〇年）に改正された小学校令で尋常《じんじょう》小学校の修業年限は、三年間または四年間で修了するとある。

文部省唱歌「赤とんぼ」に歌われているように、幼い子どもを背負って一日中働かされて昼間学校へ行けない子どもたちのために、「夜間子守り小学校」もつくられたとある。

和子さんの場合、年齢九歳時は昭和一一年（一九三六年）に当たる。その時代も、夜間小学校があって、昼間どうしても通学できない子どもたちのために政府が夜間小学校をつくっていた。

それで、市ヶ谷の山伏町《やまぶしちょう》にある夜間小学校へ通った。神楽坂から徒歩一〇分ほどの距離である。

例の小僧さんに一年余りも連れまわされた挙げ句、小学校へは始業式しか行っていない。九歳といえば、十分に尋常小学校を卒業している年齢であった。

その小学校へは一年ほど通ったという。そこで初めて読み書き、ソロバンを学んだ。

後年和子さんは、角栄氏に勧められて書道を学んだ。初めは、字を覚えるための書道だったが、書道家「後藤庭竹」先生に学び書道にのめり込んだ。その結果、仮名文字を得意とするまでになった。

置屋の朝は遅い。夜遅く帰ってきた芸者衆が起きるのが一〇時半ごろだ。前の晩、お座敷を引けるのが早くて夜中の一二時。通常で二時ごろになる。明け方に帰る芸者衆もいた。全員が戻るまで、女将さんはじめ一家中で起きて待っている。働いている者が優先の生活だった。

幼い和子さんにしても、帰ってきたお姐さんたちの脱いだ着物の後始末や、酔って帰ってきたお姐さんの介抱の手伝いをした。

それで寝るのがいつも三時前後になった。昼夜逆転の生活だが、慣れてしまえばそれもふつうの生活になった。

一般の子どもたちが登校する時間よりは遅く、置屋の子どもたちは検番《けんばん》へ稽古に出かける。

正式に養女になった和子さんは、早速芸ごとを習いに検番へ行かされた。

戦前、検番は本多横丁にあった。母が勤務していたころの検番は戦後のものである。神楽坂を上りきる前の横丁を左に入った裏道に位置していた。

一階に事務所と診療所があり、舞台つきの稽古場が二階にあった。ちなみに、戦後の検番は田中土建が建てたものである。

そこには、踊り、三味線、鳴りもの、長唄、清元《きよもと》など、日替わりでお師匠さんが教えにきていた。

検番での稽古は、年齢に関係なく芸者衆からお酌にいたるまで一緒に稽古した。いつも一〇人ほどが集まっていた。

九歳で芸ごとの道へ

ふつう芸ごとは、六歳の六月六日から始めることを良しとする。そうすると、芸ごとの神様が後押ししてくださる。

和子さんの場合九歳だったので、遅れたわけである。

お母さんは、芸ごとを身につけさせることにかけては、誰よりも熱心だった。芸者の本領は容《よう》貌《ぼう》などではなくあくまでも芸にある、という信念の持ち主だった。

そこで、検番の稽古以外にもう一軒、稽古をつけてもらうことになった。置屋「新満」の十五《とうご》姐《ねえ》さんのもとへ通うことになった。

「新満」は、当時の神楽坂では最も大きな置屋だった。そこの十五姐さんといえば、神楽坂一の名芸者だった。

ただし、よほどのコネがない限り、そのお姐さんから踊りの稽古をつけてもらうことはできなかった。

十五姐さんは旦那に立派な檜《ひのき》造りの舞台をつくってもらい、花柳《はなやぎ》流の名取《なとり》だった。後で知ったが、十五姐さんに稽古をつけてもらわないと、神楽坂では芸者としての格が上がらない、一流の料亭からもお声がかからない、といわれるくらいの特別な存在だった。

検番での稽古が終わるのが、午後の二時から三時の間。それからお風呂屋さんで汗を流して家へ帰るのが四時ごろ。その後に、昼食をとった。

置屋では、食事は決まった時間にとるのではなく、各自が適当な時間に出前を取ったり、用意された食事を食べた。

夕方近くになると、お座敷へ出かけるお姐さんたちの準備が始まる。その支度《したく》を手伝ったり、頼まれて買いものに走ったり、料亭さんに届けものをしたりと雑用をするのが和子さんの仕事だった。

やがて、おみっちゃんのカチカチと音を立てて鳴らす火打ち石の音を背に受けて、芸者衆たちが次々とお座敷へ出ていく。やっと静寂が訪れる。

そして、半玉《はんぎょく》になる前の子どもたちの夜間小学校への登校が始まった。授業は午後六時から九時ごろまで続いた。その後帰宅して、夕食を食べた。

夜間小学校の同級生の友だちはできなくて、自然と同年輩の置屋の子同士が仲良しになった。喜美子《きみこ》さんと敏子《としこ》さんは金満津の分家の子。雅子《まさこ》さんは十五姐さんの妹の八千代子《やちよこ》姐さんの娘だった。どこへ行くにも一緒だった。

子ども四人組

仲良し四人組のひとり、秀龍《ひでりゅう》さん（喜美子さんの源氏名）の義母さんは巳佐吉という名物芸者だった。その数奇《すうき》な運命は「みさを一代記」として都新聞（現・東京新聞）に連載されたことがある。

とにかく九歳までに母親が七人替わったというくらい苦労した人だった。その巳佐吉さんが桜川長作という幇間《ほうかん》（太鼓持ちともいう）と一緒になった。秀龍さんにとっては義理の父である。幇間とは、巧みな話術でお座敷を盛り上げたり、滑稽な仕草で座を笑わせたりして、とにかくお客様に楽しく遊んでいただく職業だった。男芸者ともいわれる芸達者だ。今はもう花柳界《かりゅうかい》では、浅草《あさくさ》だけにひとりいるきりだ。その長作さんが仲良し四人に、おどけた所作の幇間踊りを教えた。

そしてその踊りを、末吉のお座敷で余興《よきょう》として披露《ひろう》させたところ大いに受けたという。

一〇歳そこそこのちびっ子たちが「かっぽれ」など、滑稽な踊りを踊る。その仕草が可愛くて、またおかしくて、大評判になった。

長作さんもさらに張り切って、衣装や小道具を自らつくって後押しした。踊りが好きで好きでたまらない子どもたちばかりだから、どんな滑稽な踊りもすぐに覚えた。

また別の出しものとして常磐津《ときわづ》も語らせた。

「子ども四人組」が、競い合うようにして唄う様子は当時としては珍しがられ、玄人筋にも評判になり、歌舞伎の役者さんまで見物にきたといわれる。

末吉は、大小合わせて部屋が二〇〇畳くらいあり、数百人の宴会ができるほどの、神楽坂一の格式高い料亭だった。その末吉のお座敷へ、頼まれて何度も呼ばれるようになった。

その結果、喜美子、和子、敏子、雅子の「子ども四人組」の名は、一躍有名になった。そしてやがて四人は、「売れっ子四人組芸者衆」と成長していく。

小唄会での四人組。辻和子さんの後ろに、左から喜美子さん、敏子さん、雅子さん

お酌のお披露目

数えで一五歳だった。

「お披露目の日を忘れられない」

と言う。

料亭さんから置屋さんへと、一軒一軒手拭《てぬぐい》を持って、紺地《こんじ》の着流し姿の箱屋さんとふたりきりで挨拶にまわった。

戦前は料理屋や待合が一二〇軒以上あって、芸者衆の数も七〇〇人くらいいたというから、お披露目は一日では終わらなかったろう。

箱屋とは、検番に所属する男衆で、芸者衆の着物の着つけから送り迎え、玉代《ぎょく》の集金など芸者衆から頼まれることは何でもこなした。それらの祝儀が収入源となっていた。もともとは、芸者の三味線箱を持ったことから、こう呼ばれるようになったという。

夕暮れどき、打ち水された格子戸の前に、箱屋を連れたお披露目のお酌《しゃく》が立つ。髪は桃割れ、肩上げのついた染めの長袖姿。襟元は赤である。いかにも初々しい。

「えー、お披露目でございます」

男衆のよく通る声が、路地裏の石畳に響く。九歳で芸ごとを仕込まれ、やっとここまで辿り着いたのだ。晴れがましい思いで胸がいっぱいだった。

挨拶まわりで差し出す手拭には、のし紙が巻かれ、「円弥《えんや》」と書いた源氏名が染め抜きされていた。

円弥という名前は、お母さんがつけてくれた。姉芸者である円子《えんこ》姐さんの「円の字」と、三月弥生生まれの「弥」を結んで、「円弥」とした。この日からは、和子が円弥に変わる。良い名前だと思った。

住吉さんにも挨拶にいった。すでに「子ども四人組」としてお座敷へも上がっていたので気後れしないで済んだ。あの経験は本当にラッキーだったと思う。

ふつう、お披露目を済ませたばかりのお酌に一流の料亭さんからお呼びがかかることなどない。

またその日は、日ごろから何かと厳しかった円子姐さんが、名指しで住吉さんのお座敷へ呼んでくれて、

「この子をどうかよろしくお願いいたします」

と引き立ててくれた。

お酌とは芸者になる前の見習いで、宴席ではお酌をする役割を専門的に担うことからこの名前がつけられている。そしてお酌は芸者衆に呼ばれてお座敷に上がることが多かった。

おなじころ、他の「子ども四人組」もお披露目を迎えていた。

源氏名は、喜美子さんが「秀龍」。雅子さんと敏子さんは、名前を変えずにそのまま通した。

昭和22年、お座敷で。左から、雅子さん、敏子さん、和子さん、円子姐さん

お酌時代

お座敷での礼儀作法は、住吉の仲居さんたちから厳しく教え込まれた。お福姐さん、お静姐さん、お若姐さんたちはみんな怖かった。

いつも、

「ぼやぼやしてんじゃあねえッ」

と怒鳴られた。とにかく威厳があった。

お酌はまず料亭の裏口から入ると、控えの間でお姐さんたちの三味線を畳の上に並べることから始まる。

お座敷へ料理を運ぶような下働きはお酌がした。

お料理を運ぶときは、まずお盆を両手で目の高さにかかげて運ぶ。

お客様のお膳に魚とか蟹が出されるときは、箸を使って食べやすくしてさしあげる。鮎のような骨の多い魚は、骨一本になるまで皿の上でほぐしてさしあげた。

蟹をむしった後の手の臭いを取るにはコツがあった。水道を出しっ放しにして、まず手の甲からパッパッパッとお呪《まじな》いのように水を弾く。それから手のひらを洗う。そうすると臭いが取れると、仲居さんから教わった。

お座敷ではお酌は一切ものを口にしない。長い袂《たもと》をなびかせながら、裏方に徹する。所作の綺《き》麗《れい》さは、踊りの上手下手で決まる。

宴会の席では、誰彼となくニッコリ笑う。万遍なくお相手する。

お座敷では、上座に座っているお客様に、招待側の若い男性方が酒を注いでまわる。ひと通り注ぎ終わったあたりで、

「お兄さん、わたしたちがやります」

「じゃあ、頼むよ」

そして、若い子たちがお酌してまわる。それがお酌の仕事です。

あるとき、お座敷へ出始めのころ、料亭「喜久川」の女将さんに、

「円弥さんはお座敷の入り方を、もう少しね、研究すると良くなるのだけど。お茶とか、そういうものをよくやっとかなくちゃあダメよ」

と注意された。

四人組のひとり、秀龍さんは神楽坂下の津久戸《つくど》小学校へ通いながら、一流の芸者になるための修業、習いごとを九つもしていた。長唄、常磐津、日本舞踊、小唄、清元、お茶、生け花、鳴りもの、囲碁。

それに比べ和子さんは、検番のお師匠さんと十五姐さんに踊りを習っただけだった。だが、お

母さんの計らいで十五姐さんに踊りを習えたことは、一流の芸者になるための最大の関門を潜れたことにはなった。

お座敷へ入るときの作法は、襖を開けるときまず右手で開けて、そっと左手を添えて開ける。そこでお辞儀をして、また開けたときとおなじに、右手で閉めて左手を添える。

それから、お客様の傍へ行って、

「いらっしゃいませ」

と言葉を添えて、お辞儀をする。

こうしたお酌の修業時代が、二年間続いた。

お酌から一本へ

芸者が客からもらうお金を、玉代《ぎょくだい》（花代とも）という。正式の芸者になると、一時間一本の花代が取れる。そこで一人前の芸者のことを一本という。一本になるには、検番での試験に合格しなければならない。組合のお偉方の前で、お座敷踊りをきっちり二段位は踊れないと合格できない。ただ例外はあって、住吉のような一流の料亭から、

「そろそろあの子も一本にしたらどうかしら」

という話があって、一本になるときもある。この世界は何といっても料亭さんが主導権を握っ

ていた。

一本になると振り袖だった着物も、ふつうの短い袖になる。帯の結び目も蝶々からお太鼓に。桃割れの髪型も島田。少し砕けて、銀杏返しと見た目が変わる。

またお酌のときの赤襟が白襟になる。だから一本になることを襟替《えりが》えともいう。

芸者衆の正装ともいう「出の着物」は、正月元旦から一〇日くらいまで着る。黒の紋つきの裾引きの衣装で髪は島田に結い、稲穂のかんざしをさす。左手で裾をつまんで歩くことから、芸者になることを「左褄《ひだりづま》をとる」という所以《ゆえん》である。黒の裾から覗く赤い蹴出《けだ》しが鮮やかだ。新年会や新年の挨拶はこの衣装でまわる。

第四章

坂の町の男と女

ロミオのごとく

深夜、酒に酔った角栄《かくえい》氏が家には帰らず、ジュリエットのもとへ通うロミオのごとく石垣をよじ登って和子《かずこ》さんに会いにいく。

神楽坂《かぐらざか》はその名の通り坂の町である。崖際に家が建っていると、通りに面した玄関が二階になり、一階の居間へは階段を使って下りていくことになる。

金満津《かねまつ》は戦前から芸者新路《しんみち》に置屋《おきや》があったが、戦争で焼けてしまったので、角栄氏に新しい家を建ててもらう間、一時「新金《しんかね》」に間借りしていた。「新金」とは金満津から分かれた分家「新金満津」の屋号である。

「新金のおとうさん」は、ある大手石油会社のお偉いさん、トップの方だった。

しかしさすがに間借りしているとはいえ、深夜、他人のお妾《めかけ》さん宅へ堂々と玄関のベルを鳴らして入っていくほど角栄氏は図々しくない。

そこで、一階に面した空地から崖を登り二階の部屋の窓から入っていくことになる。

その当時の神楽坂高台からの眺望は、戦後すぐのことで四方に焼け野原が広がり、遠く四《よ》ツ谷《や》駅まで見渡せたという。

だから省線《しょうせん》が四ツ谷駅から出るのを見てから家を出ても、走っていけば飯田橋《いいだばし》へ到着する電車に間に合ったという。

そんな見晴らしの良い高台に、「新金」はあったということだろう。

「新金のおとうさんという方が、それはおっとりとした良い方で」

と和子《かずこ》さんが回想する。

「よく上がってこられましたねぇ」

とむらさんと和子さんが呆れたように言うと、

「あぁ、なんとか頑張って上がってきました」

と酒に酔った赤ら顔で真面目に答える。

もうそのころには、角栄氏のご帰還の物音を聞いて、一階のこの家の主人も出てくる。

そしておとうさん同士、意気投合、その後長い間話し合っていたという。

ケチな男とケチな女

ある日私は、「ケチな男」について和子さんに訊いてみた。芸者衆は「ケチな男」についてどんな感想を持っているのか、興味が湧いたのだ。

そのころ、ホステスさんが書く「男の品定め」的な本が盛んに売り出されていた。

「そうねぇ」

和子さんが、ちらりと空間に目をやり、すぐにまた私を凝視《みつめ》るようにして答えた。

「ケチな男とは、これから乗り出そうとするときに、水をさす男のことですよ」

瞬間、私は胸にぐさりと痛みを感じた。

(それはきっと私のことだ)

そんな私の動揺を知ってか知らずか、和子さんはなおも続けた。

「おとうさんと一緒になる前の話ですよ」

と断って、
南町《みなみちょう》にあった田中邸へ、他の芸者衆と一緒に手伝いにいったときのことだという。戦前から芸者衆がお屋敷の手伝いに駆り出されていくことは珍しくなかった。

お客様が大勢いらっしゃって、ちょっとした人手が足りないときの接待役だった。

裏方の女中さんたちに代わって、着飾った芸者衆たちが酌などをして客をもてなす。現代では考えられないことだが、最大のおもてなし方だった。

やがて宴もお開きになり、お客様を玄関までお見送りした。ご主人と奥様を挟んで、芸者衆が並んでお見送りする。華やかなフィナーレである。

さぁ、まだわたしたちにできることはあるかしら。残った芸者衆たちはこのままさっさと帰ってしまうわけにはいかない。部屋を見渡して、あれもして差し上げたい、これもして差し上げたいと考えているとき、奥様が出ていらした。

「今日はここで切り上げてください」

突然、水を浴びせかけられたような一言だった。

（あぁ、所詮わたしたちは、ひとときの送り込まれた派遣芸者にすぎなかったのだ）

そう自分に言い聞かせ、帰り支度を始めたとき、角栄氏が現れた。

「まだいいじゃあないか。もうちょっといてくれる？」

「奥様に、ここで切り上げるように言われました」

「まぁ、いいから、いいから。お前たちもゆっくりしていきなさい」

冷え切った心が、一気に和んだという。

「奥様は家庭第一。家庭が全てだから仕方がないこと。わたしたち芸者衆はひとときのお飾りにすぎないから……。けれど、もし相手が男でこちらが女で、これから乗り出そうとしているところを止められるのは、ちょぃと良くない。ケチな男ですよ」

それは、和子さんがいつもいうところの「堅気さん」の仕打ちだ。

「おとうさんは止めませんでしたよ。巷《ちまた》で言われているような金が全ての人ではなかった。気持ちが第一。相手の気持ちになって考えてくれた」

この話を聞いて、私は所詮、和子さんにとって「ケチな女」なのだろうと胸が痛んだ。私はいつだって和子さんに対して、とことんつきあいきれない自分を感じてきた。

たとえば、二次会の宴席などで、酒宴がまだまだ続きそうな予感がしはじめるや、

（どのあたりで切り上げようか）

という考えが、頭の中をよぎる。

そして、ついに、

「そろそろこのあたりで」

と腰を浮かせる。

そんな私の仕打ちが、どんなに和子さんを淋しくさせてきたことか。

「別にいいのよ。美野子ちゃんは神楽坂の人ではないのだし」

逆に慰めてくれるときがあった。

しかし、そこが神楽坂以外の土地であったとしたら、

「私も……そろそろ……」

と和子さんの乗りかかった腰を折ることになる。そのときの和子さんのじつに淋しそうな顔。

そんなことが何度続いたことか。

だが、私にも言い分がある。

昼夜逆転の生活は、祖母に、

「今日様《こんにちさま》に申し訳ない」

とたしなめられる。

素人《しろうと》さんが良いとか、玄人《くろうと》さんが悪いとかの問題ではないのだ。幼いころからの生い立ちの違いが、ふたつの世界を分けるのだ。

母に連れられて、検番の診療室を訪れたときもそうだった。年老いた料亭の女将《おかみ》らしい人に、

「堅気のお嬢さんは、お若いですねぇ」

と感心したように言われたことがあった。

皮肉を言われたようには思えなかった。

ただ、

「私たちのように、幼少時から苦労していないから」

という、素人さんと玄人さんとの間に横たわる深い溝のようなものを感じさせた。

晩年の松ヶ枝の女将・梅さん（前列右）、その左隣は「お母さん」辻むらさんと和子さん（左から２人目）

角栄氏の後から従いていく

客と芸者とでは、料亭の出入り口が違う。角栄氏はよくお座敷へ来て、名指しで和子さんを呼んでくれた。

松ヶ枝《まつがえ》の女将が、金払いの良い上客として、

「田中さん」を大切にした。

ある晩、玄関で角栄氏を見送った和子さんが、裏口にまわり下駄を履いていると、松ヶ枝の女将が言った。

「送っていって差し上げなさい」

角栄氏の邸宅がある南町と、和子さんが当時間借りしていた田町《たまち》とは、帰る方向がおなじだった。

円弥《えんや》と赤い字で焼き印された下駄をカラコロさせて、和子さんが角栄氏の後から従いていく。神楽坂の入り組んだ裏道は、和子さんが言うところの「パチンコ通り」そのもので、細い道が直角に釘のように折れ曲がって続く。街灯もない夜道を、家の窓から漏れる明かりを頼りにひとり行くと、誰かが従いてくるようでぞっとして振り返ると、人影がさっと消えたりして怖い。

南町は、神楽坂通りを上り、中ごろから左折してなおも上り切った先にあった。高い塀に囲まれたお屋敷町である。

深夜、客と芸者の仲とはいえ、一八歳と二七歳の若い男と女。夜の坂道を寄り添いながら影になって歩いていく。夜の暗さが、一層ふたりを身近に感じさせ寄り添わせる。そしてなぜかふたりは黙りがちであったという。

しかし、どんなに夜遅く帰ろうが、南町のお屋敷に近づくや、玄関の明かりがパッとつくのだった。奥様が、寝ずに角栄氏の帰りを待っていたのだ。

そして角栄氏は、そのまま玄関の中へは入らずに、

「危ないから送っていく」

と再び踵《きびす》を返すのだった。


そんな送り送られの仲が続いたある晩のこと。いつものようにお座敷が引けて角栄氏を送っていく暗い夜道で、角栄氏が突然思い詰めたように言った。

「一緒になろうか」

和子さんは、一瞬頭の中が熱くなり、胸が一杯になったという。


もしかしたら若いふたりは、松ヶ枝の女将の老巧な策略に乗ったのか、乗せられたのか。

料亭は通常、客と芸者の仲を取り持ち、俗にいう「お妾」さんにするときは客から何がしかの仲介料を取るのが習わしだった。

とくに「客が芸者を引かせる」場合は、芸者衆の格にもよるが、莫大な金が動く。そして、そのうちの何パーセントかが仲介者である料亭の懐に入る仕かけになっていた。

しかし芸者の身とはいえ、和子さんの場合、角栄氏の思いやりや心の温かさに心底惹かれたわ

けだし、角栄氏も和子さんに対し引くに引けない恋心に陥ったわけである。だから、ふたりの惹かれ合う気持ちに何の打算もなかったろう。

しかし松ヶ枝の女将は、さらなる追い討ちをかけた。

「最近、円弥《えんや》さんの体の具合がどうも良くないらしい。田中さんどこか温泉でも行かせて、保養させてやってはくださいませんか」

と持ちかけた。

「そりゃあ心配だな。養生したほうがいいよ」

角栄氏はふたつ返事で、その持ちかけを受けたという。

そうでなくても最近、円弥さんを指名してもお座敷の呼び出しに応じないことが多かった。

恋しい人の突然の不在ほど、恋情を掻き立てるものはない。


角栄氏からの資金援助による温泉治療旅行の申し出は受けたものの、むらさんはふたりの仲を認めたわけではなかった。

ましてやお妾さんに差し出す気など毛頭なかった。けれど神楽坂の力関係からすれば、置屋より料亭のほうが上だった。ここは松ヶ枝の女将のご厚意をありがたく受けようと、熱海《あたみ》のその名も「保養館」へ出かけることになった。お母さん、円子《えんこ》姐さんと三人だった。一週間か一〇日ほどの逗留《とうりゅう》だったと記憶している。

金満津の女将は、玄人さんとしては珍しい倫理観の持ち主だった。

常々、和子さんに言っていた。

「きれいな体でいれば、いつでも結婚できるからね」

と安易に旦那を持つことを禁じた。それだけ和子さんの将来の幸せを願ってくれていた。

現に、和子さんにそんな話がないわけではなかった。お妾さんにという話ならいくつもあった。そんな話ばかりではなく、中外印刷の社長の弟さんからは、正式に和子さんを正妻にしたいという申し出があった。

そのときは、

「うちの娘はそんなあれではありませんから」

と身分違いを理由にやんわりと断っている。当時としては、角栄氏よりも格上の御曹司からの求婚話である。

また、神楽坂の老舗《しにせ》の仕出し屋の若旦那からは、和子さんが直接くどかれた。

「松ぁんは魚臭くて厭《いや》なのよ」

と娘に返って、和子さんが笑って言う。

率直に言って、むらさんは将来も知れぬ一介の田舎代議士のもとへ、和子さんをお妾さんに差し出す気になどなれなかったろう。しかも円弥は、金満津一の稼ぎ頭。一晩かかってもお座敷をまわり切れないほどの超売れっ子芸者のうちのひとりになっていた。金満津にとっての金の卵を産み続ける金の鵞鳥《がちょう》だった。

そんな難攻不落の城を、角栄氏はどのようにして攻め落としたのだろうか。

人を射らずんば、まず馬を射よ

角栄氏は、風呂敷に下着類だけを詰めて、熱海の和子さんの後を追った。

「田中さんですよ」

部屋の外からの女中の声に、三人ともびっくりしたという。

だが、当然おなじ部屋には泊まれない。別の部屋を用意した。

女将と角栄氏とは、夜遅くまで政治談義に花を咲かせたという。またふたりとも講談話（軍記、武勇伝、仇討、俠客《きょうかく》などを独得の調子をつけて語り聞かせるもの）が大好きである。さだめし話が弾んだことだろう。

その間、和子さんと円子姐さんは蚊帳の外。手持ち無沙汰で、じっとふたりの話に聞き入る他なかった。

「人を射らずんば、まず馬を射よ」の戦法である。

次の日、和子さんと角栄氏はむらさんの許しを得て、熱海の街へ散歩に出かけた。ふたりとも、ほとんど無言だった。貫一お宮の小説で有名な熱海の海岸通りを散歩し、熱海銀《ぎん》座《ざ》でかなり高級なハンドバッグを買ってもらったことしか覚えていない。

当時熱海は、日本一の新婚旅行地だった。きっと幸せそうなふたり連れの客が多かったろう。そしてその晩、角栄氏は熱海駅での見送りもないまま、風呂敷包みひとつ下げて東京へ帰っていったのだった。


しかし、そんなことで怯《ひる》むような角栄氏ではなかった。

和子さんたちが熱海の保養旅行から帰った翌日からもう、連日のように金満津を訪れては、女将と政治談義をして帰っていくようになった。

女将としては、ふたりの交際は認めるが、一緒になることは断じて許さない、の一点張りだった。

角栄氏にはれっきとした妻子がいる。その上、おなじ神楽坂にすでにお妾さんを囲っていたことが判明したのだ。

花柳界《かりゅうかい》の不文律《ふぶんりつ》として、客はおなじ花柳界に同時にふたり以上の芸者衆を囲うことは御法度《ごはっと》とされていた。その理由は、芸者衆や置屋《おきや》同士の争いを避けるための花街の掟だった。

置屋組合長を務める、金満津の女将として許すわけにはいかなかった。

これもダメ、あれもダメ。けれどひとつだけ策があった。

和子さんと一緒になるには、むらさんと養子縁組することである。だが、それはできない話だった。両親もいるし、妻子もいる。そこでとったのが、むらさんの信頼を勝ち取ることだった。心からの息子になることだったろう。

お妾さんとは別れることができる。

だが、じつの両親と妻子は捨てられない。

「どうぞあなたの真の息子にしてください。あなたの息子になります」

そう誓ったのだろう。

ついに、城は落ちた。

「息子をもらいました」

綾瀬《あやせ》の別荘でのむらさんの一言が、総《すべ》てを物語っている。

それにしても角栄氏は凄い。生涯、その言葉を守って裏切らなかったのだから。

そして、むらさんの目もたしかだった。

和子さん、昭和二一年（一九四六年）、二〇歳の夏。ついにふたりは結ばれることになった。

料亭松ヶ枝の一室に総勢八人の芸者衆を証人として招待し、お披露目《ひろめ》の儀式めいたことをした。もう二度と、地元では浮気はできなくなった。

次にむらさんが向かったのは、綾瀬の別荘だった。

「息子をもらいました」

同年の夏以降と思われる。神楽坂の同業者へ挨拶まわりに行ったのとは別次元の話である。しかしながら、その報告を受けた私の祖父は、次の秋一一月一日に交通事故で亡くなっている。だが、きっと彼岸でむらさんの義父岩瀬さんに、その旨を報告できたことであろう。

幽霊坂の坂の上

早朝、角栄氏は新宿《しんじゅく》区南町《みなみちょう》にあった邸宅を出て、飯田橋《いいだばし》駅北口斜め前にあった田中土建工業の事務所まで歩いて通っていた。それには、神楽坂通りを抜けるよりも、手前の坂――通称「幽霊坂」を下るのが近道だったろう。

外堀通りから上がるその坂は、狭く急な石畳で、中ほどに日仏会館（現・アンスティチュ・フランセ東京）がある。それでフランス人が行ききしたりする、異国情緒の漂う坂でもあるが、夜は暗い。

さらに坂を道なりに行くと、最高裁長官公邸があり、出入り口の詰所には二四時間警官が常駐している。

その「幽霊坂」、その昔外堀建設のために参勤交代で江戸へ出張を命じられた若侍が亡くなり、許嫁《いいなずけ》の娘が会いにきたとき、その坂で若侍に出会ったという言い伝えがある。

ちなみに二〇年後、その坂を一気に上り、ひとつ目の角を直角に曲がった二軒先に、角栄氏のご別宅、むらさんのついの棲家が建つのである。

米軍慰問団

終戦後すぐの話である。勝利した進駐《しんちゅう》軍が大挙して東京の街にやってきた。

そのころ、神楽坂では品川《しながわ》の建築関係の工場主である山本耕一さんという方が連日「松ヶ枝」へ遊びにやってきていた。その方が、和子さんたち芸者衆を集めて米軍慰問団《いもんだん》を結成した。

慰問団とはいっても、総勢六人にもならなかった。

あやの助、けい子、いのじ、一郎、なな子姐さんたちだった。しかしすぐに話を聞きつけて、疎開先から円子姐さんと一春さんが帰ってきた。その他に、太鼓持ちのちゃら平さんと色平《いろへい》さんも加わった。そして、米軍キャンプへ向かう慰問団のバスに乗り込んだ。

ある朝、神楽坂下の迎えのバスに乗り込もうとしたとき、飯田橋の土手の上から大きく手を振る男の人がいた。二、三回、お座敷へお見えになった田中角栄氏だった。

「おう、円弥、こんなに早くからどこへ行くんだ」

「進駐軍の慰問へ行くんですよ」

「そりゃあ大変だ。気をつけて行きなよ」

「はい。夜はよろしくお願いいたします」

「あぁ、いいよ」


当時は建設ブームで、田中土建は引っ張り凧だった。それで、角栄氏は連日のように神楽坂に遊びにこられるほど景気が良かった。

何度か、早朝、こんなふうに出会ううちに、角栄氏と和子さんは冗談をいう仲になったという。

「今なら芸者の総揚《そうあ》げができますよ。後世に名を残せますすよ」

「そりゃあ豪勢だな」

総揚げとは、花街でありったけの芸妓や遊女を揚げて遊ぶこと。昔のお大尽が遊里で豪遊したことで、お大尽遊びともいわれた。

なにしろ神楽坂では芸者衆がまだ疎開先から帰ってなく、総勢八人しかいなかった時代だ。

米軍キャンプに入り、米軍兵士の前で日本舞踊を披露する。

あやの助姐さんとけいい子姐さんが地方（楽器）、一春、円子、そして円弥が踊りを務めた。

戦火の中を、焼け出されたとき、お母さんに、

「商売が始まったらすぐ入り用だから」

と言われて持ち出した、櫛、かんざし、笄《こうがい》類が早速役に立った。着物もおみっちゃんが柳行《やなぎごう》李《り》の中にぎっしり詰めて運び出してくれた。

それにしても、敗戦の前と後では、こんなにも状況が変わるものか。ほんの一年ほど前までは、戦地へ向かう日本兵の前で、もんぺ姿で踊った。

明日はお立ちか　お名残り惜しや
大和男児の　晴れの旅

和子さんたち芸者衆の舞を、張り詰めたような目で見上げていた若者の姿が忘れられないという。年老いて、カラオケで「明日はお立ちか」を歌うときはいつだって思い出さずにはいられない。

あの若い兵隊さんたちは、無事故郷へ帰ってこられたろうか。それとも、
「靖国《やすくに》で会おう」
その誓い通り、白い鳩になって靖国の庭へ戻ったろうか。

ときが代わり、今進駐軍兵士の目の前で、造花の桜の花をかざして華やかな「元禄《げんろく》花見踊り」

などを舞う。彼らは勝利の余韻《よいん》に浸ったように明るい。

テーブルの上で、中指と人差し指をトコトコと歩くように交差させて、

「オーケー、ベイビー？」

と米兵に、デートに誘われたこともあった。

「ノー、ノー、ノー」

最近まで敵軍だった人の誘いなんて、到底受け入れられない。大声で断った。

だが、収穫はあったという。米軍キャンプには何でもあった。ソーセージ、チョコレート、缶詰。それから、お母さんが大好きなタバコも。

戦後すぐのころ、東京には闇市が乱立し、人々は食糧不足に喘《あえ》いでいた。


「母でございます」


辻むらさんは、生涯独身を通した女だった。そして仲居頭のおみっちゃんまで道連れにした節がある。

おみっちゃんは、貧困農家に生まれ金満津に売られてきたのだろう。

「お願いですから芸者にだけはさせないでください。その代わり、一生仲居としてお仕えいたします」

と誓った女だった。

そのふたりが、心底角栄氏に肩入れした。

角栄氏の浮気の噂に、和子さんに代わって激怒し、料理も出さず仲居部屋に籠《こも》り角栄氏を怖気づかせたのはおみっちゃんだった。

なにごとも和子さんに代わって表に立ち、采配《さいはい》を振るったのはむらさんだった。

新潟《にいがた》の選挙地へ帰る角栄氏を上野《うえの》駅で見送る。

「何も上野駅まで見送りに行かなくてもいいのに。朝からそわそわしちゃって」

と和子さんがぼやく。

「お前は家でじっとしているんだよ。人様の前に出てはいけないよ」

そう言葉を残して。

上野駅では同行の代議士の誰彼となく、

「母でございます。母でございます」

と紹介されたという。

「お母さん、それが嬉しくて嬉しくて」

和子さんは、少し口をすぼめて不服そうに言った。

わたしは人形ではありません

政界での地位が上がれば上がるほど、和子さんには角栄氏が遠く離れてゆくような気がしてならなかった。顔を見るのも週に二回、月に二回、月に一回といったように、どんどん少なくなっていった。そしてたまに帰ってきても、我が家にいる時間が、一時間、三〇分と減っていった。世間では、わたしの家を訪れるときは、パトロールに先導されて来ると、面白おかしく話されていましたが、そういうことはありません。

普通、おとうさんがいらっしゃるときは、普段使われていない正面の大門が開きます。甥の新宅さんから先に電話が入り、ほどなく車の音がする。すると女中頭のおみっちゃんが駆けていって、横木を外したものです。

気の短いおとうさんは、車が止まるのも待てず、自分からひとり降りて、玄関脇の低い木戸をくぐって入ってきます。

もっと偉くなってからのおとうさんは、通りひとつ隔てた最高裁長官公邸前で車をおり、三人ほどの背広を着た屈強な男たちに囲まれて、靴音高く早足で駆け込むように入ってくるようになりました。

本当に、おとうさんはわたしの手の届かないところへ行ってしまったのでしょうか。

「お母さんに預けておけば、和子は安心だ」

いつもおとうさんはそう言っていましたが。

「わたしは人形ではないのです」

それにもうお母さんはいないのです。頼りにしていたおみっちゃんも、彼岸へ旅立っていきました。ふたりの防波堤をうしなって、おとうさんに関するよからぬ噂がストレートに耳に入ってくるようになりました。

その方は、ある日、わたしたちの家の前を通ったことがあります。しきりに家の中を覗き込むようにしていました。女の勘って、怖いですよね。そのとき、わたしは生垣の内側にいたのです。写真でお顔は存じていましたから、間違いございません。佐藤昭《さとうあき》さんでした。

おとうさんと佐藤さんとのことは、遠くから耳に入っていました。

悪い女《ヒト》だとは思いませんよ。おとうさんからは、直接話を聞いたことはありません。おたがい何も言いません。ただ、あるとき、ちょっとした雰囲気で、珍しく言い争いになったことがありました。

売り言葉に、買い言葉。

「わたしは、もう結構ですから、向こうの方となさってください」

「お前それでいいのか」

「はい、かまいません」

わたしにはないものが、あちら様にある。そう思うより仕方がないじゃあありませんか。それに、わたしにも女の意地がありました。芸者には、「さのさ」的なところがある。どんなに好きなお方でも、別れるときはきっぱりやるのです。

戦後混乱期の日本政治

昭和二二年（一九四七年）田中角栄氏が二八歳で初当選したときの国会は、片山哲《かたやまてつ》率いる「社会党」が第一党だった。しかし、その社会党は、国会で過半数を占めていなかった。それで芦田均《あしだひとし》総裁の「民主党」と手を組んで、六月に片山内閣をスタートさせた。

しかし、その連立内閣はゴタゴタ続きで、わずか九ヵ月しか持たず再び総辞職。芦田内閣へと政権移譲した。そしてその芦田内閣も七ヵ月しか持たず、総辞職。あげくに、「民主党」までも分裂した。

このように戦後日本の政局は、世相を反映してか混乱状態にあり、離合集散《りごうしゅうさん》を繰り返していた。

角栄氏もまた、初当選時の「日本進歩党」から「民主党」、さらに「同志クラブ」「民主クラブ」と渡り歩いていた。

それが、「民主クラブ」に所属していたとき、転機が訪れた。「民主クラブ」が吉田茂《よしだしげる》総裁の「自由党」と合流して「民主自由党」が結成された。少数ながら「民主自由党単独政権」が誕生した。第二次吉田内閣の誕生である。

角栄氏に、チャンスがめぐってきた。吉田茂のおめがねにかない「吉田学校」の一員となった。以来、政権の階段を駆け上がっていくことになる。

「吉田学校」とは、戦後五次の内閣、じつに七年八ヵ月をも組閣した吉田茂の下に集った人材グループを指す。保守政治の本流であった。

後に吉田学校からは、官僚の池田勇人《いけだはやと》、佐藤栄作《さとうえいさく》、そして田中角栄と三人の総理大臣が生み出されていく。

汚職容疑

昭和二三年（一九四八年）一一月二三日。あと一週間もすれば師走へ入ろうという肌寒い日だった。突如、角栄氏の南町の自宅、飯田橋の田中土建工業、そしてあろうことか別宅にまで、一斉に東京高等検察庁による家宅捜索が入った。

「あれはたしか、お昼を少しまわったころだったと思います。芸者衆たちがみんな、居間に集まっていたからです」

そんな中、和子さんが語るには、およそ芸者置屋には似つかわしくない背広姿の男たちが三人、令状を持って入ってきたのだ。

「おろおろするばかりでしたが、お母さんは気丈に対応していました」

検察官たちは家の中の隅から隅まで、それこそ芸者衆のスケジュール表から、花代の伝票、商売に係わる全ての書類、そして個人的なメモにいたるまで、引き出しを引っ張り出し、押し入れの中をかきまわしては、根こそぎ押収していった。

「面白いといっては何ですが、その中には芸者衆の源氏名を書いた半紙が大量に含まれていました。芸者衆の命名時に、おとうさんが毛筆で書いたものです。それらを大切そうに持っていってしまったのです。金満津ではおとうさんとご縁ができてから、芸者衆の名前に『栄』の字をつけるようになりました。弥栄、ひろ栄、花栄、よし栄、幸栄といったように、名前の下には必ず角栄の『栄』がつきます」

家宅捜索を受けてからちょうど一ヵ月後の、一二月一三日。第二次吉田茂内閣が一〇月に発足《ほっそく》してからわずか二ヵ月しか経っていなかった。

ついに、高等検察庁が動いた。

田中角栄と、他二名の国会議員を汚職容疑で逮捕・起訴したのだ。そして身柄を、東京拘置所《こうちしょ》へ収監した。

二年生議員ながら法務政務次官になったばかりの法の番人、田中角栄氏が、汚職容疑で逮捕されたのである。いわゆる「炭管《たんかん》疑獄事件」だった。

炭管疑獄事件とは

辻《つじ》むらさんは、常々和子さんに語っていた。

「これだけは真紀子《まきこ》さんに言い残しておきたい。炭管疑獄事件のとき、どんなに金満津がおとうさんを助けたかということです」

獄中立候補の資金を用立て、選挙に当選したものの、その後二年半の伏兵時代を支え続けた。世間では、松ヶ枝の女将が陰で援助したと噂が立ったが、決してそんなことはなかった。神楽坂置屋の一女将が、後の日本首相の誕生をお膳立てしたのだ。できることではない。「金の切れ目が縁の切れ目」の水商売の世界では、考えられないことである。

そもそも炭管疑獄事件とはどのようなものだったろうか。

炭管疑獄とは正確には、炭鉱国管疑獄である。その実態は、昭和二二年（一九四七年）から昭和二三年（一九四八年）にかけて世間を賑わした、俗にいう汚職事件である。疑獄、すなわち政府高官などが関係した疑いのある大規模な贈収賄《ぞうしゅうわい》事件だった。

ときは、片山哲率いる社会党首班政権下の片山内閣だった。日本はＧＨＱ（連合軍総司令部）の管理下にあった。そんな最中、片山内閣は、「炭鉱国家管理法案」を国会に提出した。要するに、石炭業界の国有化である。

エネルギー産業の中核である石炭について、日本経済の生産復興の促進と、日本国家自体の社会主義化の先駆けとする意図から、炭鉱の国有化を目指したのだ。

これに対して危機感を抱いた炭鉱経営者側が、法案を阻止するために、保守系議員を抱き込んで多額の金銭による政治工作を開始した。

結果、炭鉱主側の言い分が通り、修正して法案が成立した。だがすぐ、炭鉱主側の工作が世間に露見。

田中万逸《たなかまんいつ》、竹田儀一《たけだぎいち》、田中角栄ら政治家八名と、炭鉱業者四名が賄賂罪で起訴された。

　これが世にいうところの「炭管疑獄事件」である。

角栄氏に対しては、一〇〇万円の小切手が、九州の採炭業者から飯田橋にあった田中土建工業に手渡されたという容疑だった。今の金額に換算すると、一五万が一〇〇〇万円として六五〇〇万円ほどだったか。


　それに対して、角栄氏は以下のように弁明している。

「たしかに土建業者として炭鉱業者と業務上の関係はあった。だからといって炭鉱国家管理法をもみ消すために、業者から賄賂《わいろ》を受け取ったということは断じてありません。むしろ炭鉱業者の住宅や坑道のレール敷設の工事をやっておるため、九州炭鉱業者から一五〇〇万ほど取り立てがあるほどであります」


　もちろん、田中土建工業が炭鉱労働者のために炭鉱住宅を手がけ、業績を上げていたという裏事情もあったろう。たしかに、昭和二三年当時の田中土建工業の業績は目覚ましく、福岡《ふくおか》、佐賀《さが》、東北《とうほく》の常磐《ときわ》地区に出張所を持っていたのだ。

　地裁判決は角栄氏に対して、懲役六ヵ月（執行猶予二年）の刑を言い渡した。角栄氏は、ただちに控訴《こうそ》した。

獄中立候補の経緯

獄中での角栄氏が、

「これは政治的謀略だ。ただちに出獄させろ。検事総長を告訴《こくそ》する。筆と硯《すずり》を持ってこい」

と怒鳴ったのが、獄中立候補の発端《ほったん》である。

結果、東京地検も角栄氏が現職の代議士であったため「逮捕許諾」、要求を聞き入れ許すとの請求を拘置所に出さざるを得なかった。

それをときの吉田内閣が衆議院で議決・合議して決定した。対して不満の野党が、内閣不信任案を提出した。

吉田茂首相は、ただちに衆議院の解散・総選挙に打って出た。角栄氏逮捕収監後、一〇日目のことである。

獄中の角栄氏は、進退窮まった。収賄罪で起訴されている身とはいえ、無罪を主張していた手前もあり、獄中からでも立候補をしないわけにはいかなかった。

こうして昭和二四年（一九四九年）一月一三日。東京拘置所《こうちしょ》を保釈された角栄氏は、青膨れした顔で金満津を訪れ、深々と頭《こうべ》を垂れた。

「お母さん、いろいろとありがとうございました」

そして、その足で上野駅へ向かい、夜行列車で雪深い新潟の選挙地へと発ったのだった。袴姿だったという。衆議院総選挙まで、あと一〇日しかなかった。

結果は、被告の身でありながら、前回の選挙時よりも票を伸ばし、二位で当選。再び国会へ戻ることができたのだった。

この裁判の結審は、検察側が控訴を断念したので、角栄氏は昭和二六年（一九五一年）六月、東京高裁で無罪を勝ち取ることができた。一審から二年六ヵ月が経っていた。最終判決では、賄賂とされた金の大部分が、政治献金と判断されたのだった。

したがって、金満津の女将が東京拘置所へ通った期間は、角栄氏逮捕の昭和二三年（一九四八年）一二月二三日から、保釈の昭和二四年（一九四九年）一月一三日までの二一日間の収監期間である。極寒の最中だった。

しかし、炭管疑獄事件以後、かつて隆盛《りゅうせい》を誇った田中土建工業の業績が悪化、さらにときのインフレで資材も手に入らなくなり、各地の支店が次々と閉鎖されていった。

和子さんが、しみじみ言っていた。

「おとうさん本当にお金がなかった」

けれど、そんな不遇時代を支えるために、角栄氏の嫉妬《しっと》に悩まされながら、和子さんは嬉々としてお座敷まわりに精を出したのだ。辻むらさんも、そんな息子を陰から必死で支えた。

そして、和子さんは、

「あのころが人生で一番幸せなときだったろう」

と振り返るのだった。

「三木武吉の彼女がやっている」

ところで角栄氏が、なぜ炭鉱の国有化にそれほどまでに反対したかという最大の理由は、日本を社会主義国化、赤化してはならないという、おなじ自由民主党の重鎮《じゅうちん》、三木武吉《みきぶきち》の強い意志に追随《ついずい》したからだったという。

武吉は、お座敷政治の舞台で名高い神楽坂の料亭「松ヶ枝」とも縁の深い政治家であった。今はもう松ヶ枝は取り壊されマンションになっているが、毘沙門天《びしゃもんてん》の角の路地を曲がった数軒先にあった。

その前を通りかかったとき、私の母が、

「三木武吉の彼女がやっているのよ」

と教えてくれたものだ。

松ヶ枝は戦前は待合だったが、料亭「住吉」が戦後店じまいしたため、戦後は神楽坂一の料亭になった。

成り立ちは、松竹梅という三姉妹がいて、お姉さんの名前をとって「松ヶ枝」とした。切り盛りしたのは梅さんだった。竹は、いかにも江戸っ子風のきっぷの良い女だったそうで、三木武吉に愛された。竹亡き後は、梅が采配を振るったそうだが、角栄氏と和子さんの仲を取り持ったのは竹だったろう。

武吉の答弁で有名なエピソードがある。昭和二七年（一九五二年）、衆議院の立ち会い演説の折のことだったという。

「六人の妾はどうした」

と野次が飛んだ。

武吉は、少しも慌てず、

「正確には七人いるが、皆きちんと面倒みているから、心配ご無用」

と切り返した。

そのうちのひとりが、竹さんだったろうと推測される。

第五章　お座敷の表と裏

お座敷語り

お座敷へ上がった客が、贔屓《ひいき》の芸者衆を名指しで呼ぶ場合、まず料亭に「〇〇を呼んでほしい」と依頼する。料亭はその旨を検番《けんばん》に伝える。検番には登録されている芸者衆の名札がかかっていて、その日のスケジュールが管理されている。

人気のある芸者衆は、有力な料亭が先行予約の形ですでに確保している。

「自分で言うのもなんですが、私はよく稼ぎました」

そういう円弥《えんや》さんの一日の仕事始めは、まず子ども四人組時代からの縁で、住吉さんから始まった。

一流の芸者衆は忙しい。他のお座敷へも顔を出さなければならない。たくさんのお座敷が重なって忙しいときは、ひとつのお座敷に二〇分くらいしかいられないときがある。

それでも、

「五分でもいいから、顔をみせてくれ」

という客の申し出に、懇意《こんい》にしている料亭さんの手前、無下《むげ》に断れない。

それで、盆とか正月といったとくに忙しいときは、たった五分で、

「ごめんくださいませ」

と消えたときがあった。それでも一晩でまわり切れなかった。

一流の芸者衆

一流の芸者衆がお座敷へ入ってくると、あたりが、パッと明るくなったものだ。今でいうオーラがある。まわりの応対も大変なものだった。十五姐《とうごねえ》さんがそうだった。芸者衆たちも「十五姐さん、十五姐さん」と下にも置かなかった。

「男も女も惚れさせましたよ。美人だけじゃあ芸者は務まらないのです」

お座敷に酒はつきものだ。たとえ五分でも、差し出された盃を拒めない。そして客は、五分でも一本の花代をつける。

芸者のもらう金を、花代とか玉《ぎょく》という。見習い時は花代が半分だから「半玉」というが、東京では「お酌《しゃく》」と呼ばれた。

芸者の花代は一時間単位で決められる。一時間を一本という。二時間だったら二本である。当時、お酌の花代は一時間二円五〇銭。二本で五円だった。置屋《おきや》と芸者衆の取り分は、五分五分か七対三。置屋に借金がある場合は、天引きされた。

お座敷での花代は、客が料亭に払い、そこから検番に渡って、検番からいくらか引かれた後、置屋の主人へ支払われる。

和子《かずこ》さんの場合、年季奉公《ねんきぼうこう》の芸者ではないので、金満津《かねまつ》の養女だから、花代は全てお母さんの懐へ入った。

お酒が好きな人々

円弥さんは、酒が大好きだった。

「お座敷へ上がった一五歳ぐらいから、飲み始めました。最高で二升ぐらい。一晩でです。手酌じゃあないですよ」

ちびりちびりと飲む酒ではなかった。

和子さんは、常々言っていた。

「ホステスと芸者衆の違いは、銀座のホステスさんは、押しの一手で酒を飲ます。芸者衆は、自分でも飲む。差し出された盃は拒めない。だから売れっ子ほど酒に強くなければお座敷は務まらない」

それでも芸者衆で酒が飲めない人は、飲むふりをして、下へ空けてしまう。昔は膝元に大杯を置いていてそこへ空けた。または傍《かたわら》にある水の入った入れものに空けた。

だがはたして女が、一晩で二升の酒が飲めるだろうか。たとえば、こんなふうにである。

ある料亭で、客といわゆる「罰ゲーム」遊びをした。

中華料理店にあるようなまわるテーブルの上に、相撲取りが飲むような大きな塗りものの大盃が置いてある。

「ビューッとまわして、止まった前の人が飲まなくちゃあならない」

罰盃ゲームだから、芸者は囃《はや》しながら客に飲み干させる。

その反対もある。芸者が囃したてられる。

ビューッとまわって止まると飲む。ビューッと止まると飲む。

お客様とのお遊びだったが、飲み続け、ゲームが終わると別の料亭さんへ。

「塗りものに入ったお酒は生温かく、酔うんですよ」

戦前だったから、地毛で髪を結い、撥袱紗《ばちふくさ》（三味線《しゃみせん》の撥、舞扇《まいおうぎ》、替え足袋等が入っている）を抱えた芸者衆がふらふらと酒に酔って神楽坂《かぐらざか》の路地を行く。途中、仕出し屋の「うを徳」さんを覗いた。

「あら円ちゃん、これ飲みなさい」

差し出されたコップを、グーッと。ウイスキーだった。

「じゃあね」

と次に向かった先が、「松ヶ枝《まつがえ》」さんだった。戦前の松ヶ枝は三階建てだった。

「ごめんくださいませ」

お座敷に遅れている。急いで三階まで駆け上がった。そうしたら急に気持ちが悪くなって、日本酒とウイスキーのちゃんぽんだったから、頭が朦朧《もうろう》としてきた。

仲居さんの、働く後ろ姿を、眺めたときまでは覚えている。

それからはずるずると階段を、腹這いになったまま、三階から一階まで滑り落ちてしまった。

気がつくと、布団部屋で寝かされていた。いつの間にか、金満津の仲居頭のおみっちゃんが傍にいて、

「和子さん、起きなさいッ。駄目ですよッ。後がまだつかえているんですからねッ」

聞こえているが、体が動かなかった。

「お母さんに怒られるぅ」

そんな考えが、頭の中に渦巻いていた。

角栄のオールドパー

金満津の女将《おかみ》は、ヘビースモーカーだったが酒は飲まなかった。飲めなかった。それで、芸者が酔って帰ることを嫌がった。商売だから、飲むなとは言わない。飲んでだらしなく酔っぱらうのが厭《いや》だった。

一度などは、

「円弥さんが酔って前後不覚になり伸びている」

と、待合さんから電話が入った。

「死んでもいいですから、そのまま帰してください」

料亭金田にて。左端が母、中央が著者（20歳）、その隣が円子姐さん。右から3人目が著者が留学中にお世話になったモーサー夫人。金田は金満津の分家。

と叫んでいた。

それで、箱屋さんの背中におんぶされて家に帰った。そんなことは、しょっちゅうだった。

「この子は飲むと、すぐ伸びてしまうんですよ」

金満津の女将のその言葉に、

「その辺に寝ていたら、他の男に何をされるか分からない」

と角栄《かくえい》氏がいつも心配していた。


角栄氏も酒が好きだった。私が米国留学時の途中帰国に、角栄氏に何か持って帰るものはないかと母に訊くと、金満津でオールドパーを欲しがっていると伝えてきた。今では角栄氏の愛飲酒として有名だが、一九六〇年代当時のオールドパーは、日本では最高級洋酒だった。なかなか手に入らない。海外からの持ち込みもひとり一本きり。一ドル三五〇円の時代だった。「ジョニーウォーカーのブラックラベル」や「シーバスリーガル」より、一万円以上高かったと記憶している。

だから、水割りなんてもっての外。生《き》のまま味わって飲む。もちろん氷も入れない。

角栄氏は普段、金満津を訪れるときは、日本酒の一升瓶を下げてやってきた。おみっちゃんが急いで酒屋へ買いに走る手間も省ける。そんな心遣いもあったのかもしれないが、酔うと、陽気になる。行動的にもなった。

ある日、診療所の看護師が、

「夕べは大変だったんですよ。角栄さんが酔っぱらって、和子和子と料亭から料亭へと探しまわっていた。みっともないったらなかったです」

どうして看護師がそんなことを知っていたのか。きっと料亭さんとの横の連絡網で、その天真爛漫な行動力が噂になったのだろう。

「おとうさんは一度女を好きになると、頭にカーッと血が上っちゃって、バーッと突進していくのです」

ちなみに角栄氏は猪年だろうか。調べてみると、大正七年（一九一八年）五月四日生まれの午《うま》年である。

話は逸れるが、角栄氏は占いとか生まれ変わりといった類の話には一切関心を持たなかったという。

尋常高等小学校卒業から日本の総理大臣にまで駆け上った経歴から、「豊臣秀吉《とよとみひでよし》の生まれ変わり」といわれているが、あるとき和子さんがその説について尋ねたことがあるという。

「そんなことはね……」

話にもならないと言葉を濁し、厭《いや》な顔をしたという。自分は自分という考えの持ち主だった。

お座敷のお客さんたち

角栄氏が酔っぱらって和子《かずこ》さんを探しまわっていたそのころ、円弥《えんや》さんはお座敷まわりにおおわらわだった。

戦前の神楽坂花柳界《かりゅうかい》の客層としては、大店の旦那、旧大名家の御前様、文士や芸術家、政治家、高級官僚、軍人と多種多様だった。

一九九七年版「東京人」によると（たしか検番長の山根さん談だと思うが）、

「戦後、最初に来た客はヤミ屋ですかね。それから復興でもうけた土建屋、いわゆる『新円階級』ってヤツだな。それから糸へん景気――製紙工業や紡績会社の人たち。続いて金へん景気のときはすごかった。八幡製鉄一社で二〇軒近い料亭をひいきにしていた」

また歌舞伎役者や映画俳優もきた。今のようにマスコミが発達していなかったので、歌舞伎役者や映画俳優も、大っぴらに芸者遊びができた。芸者衆も熱を上げて入れあげたが、後に彼らと結婚できた者は皆無だった。魚河岸のお兄さん方の遊びは粋だった。太鼓持ちや落語家を連れてやってきて、芸者衆たちを逆に楽しませてくれた。


和子さんが一本になったばかりのころは、そんなお座敷では若気のいたりでタバコを吸ったりした。だが、年配のお姐さんに見つかると怒られる。来ると、さっと袂《たもと》の中に隠す。火がついたままだから、袂の中で燃えている。そんなことはしょっちゅうだった。それで袂の中はいつも焼け焦げだらけ。

そうすると、気前の良いお兄さんが、

「これで新しい着物を買いなさい」

と一〇〇円札を出してくれた。

一〇〇円といえば、当時着物と帯が一揃い買える金額だった。

家へ帰ってお母さんにことの始終を報告すると、

「いいのかい！　こんなにもらっちゃって！　悪いねぇ」

そういう河岸のお兄さんたちも、別に金持ちというわけではなかった。むしろ「御前様」といわれる人のほうが、しみったれ。

「世の中、そんなものですよ」

戦前の神楽坂花柳界では、魚河岸や兜町《かぶとちょう》（証券会社）の客筋が多かった。

円弥さんの「男の品定め」

料亭「住吉」さんで催すような大きな宴会では、芸者衆は大勢呼ばれる。厭な男にもニッコリ笑う。お客様には誰彼なく万遍《まんべん》に応対する。

お座敷では、上座に座っているお客様に若い男性方がお酌《しゃく》をしてまわる。見ていると分かるという。

「気の利く人。きびきびした方。おっとりした方」

それぞれ違うという。

昔の宴会では、社長級は奥様を連れてきた。奥様も芸者衆に打ち解けて接してくれた。

もう少し小さい宴会では、客の男性が芸（隠し芸）を持っていると芸者衆が、

「やって、やって」

と囃したてる。

すると男性が半纏《はんてん》を借りて、洋服のまま踊る。膝と膝をくっつけて、しなしなと踊る。芸者衆とふたりで踊るときもある。

芸者衆は、そんな場合「あて振り」で踊る。演歌だろうが何だろうが雰囲気に合わせて踊る。もちろん三味線の伴奏つきで。日ごろの検番での稽古が生きてくる。

手を握り、グッドバイよと
二足、三足
別れかねては　目に涙

やんやの拍手喝采。

「そういうお方は、出世できないわね。ずーっと会社で、太鼓持ちみたいで終わってしまう。そういう例をたくさん見てきたから分かる」

また、芸者衆にもてない男が出世した先例もないという。だからといって、勝手に自分は芸者にもてると思い込んでいる男も勘違いだ。

「お座敷へくれば、どんな男だってもてますからねぇ」

芸者衆のお座敷での男を見る目は厳しい。

「出世なさる男の方ですか。

そりゃあ一概には言えませんが、優柔不断な男はダメよ。少し冷たいくらいの男の方がいい。話をしていて魅力のある男。

いろいろな方がいます。

キビキビして細かいところに目が届く男。

オットリしている男。それはそれでいいのよ。

あまり気が利きすぎてもいやらしくなっちゃう。ホドホドね。そう思いますよ。

社長さんはなんだけど、秘書はいいわね。

わたしたちがそう思う男は、どんどん上ってくる。出世してくる。

顔より態度。芸者衆の接し方で分かる。

会った瞬間わかる。

あー、この人いいなと分かる。

話をしていて、自分が自分がというところのある男は、警戒」

思いやりのある、気さくな人

辻《つじ》和子としては、芸者衆時代のお座敷で培《つちか》った男性を見る目が、素人《しろうと》さんになった後も消えなかった。

「そんな私が厭で厭でたまらなくなってしまったことがある。私は男の人をまともに見られない。

会った瞬間、この男どんな男かなと考えてしまう」

幼いときのトラウマ、精神的に負った外傷もあるかもしれない。

幼いころ、姉兄とも生き別れ、たったひとりで他人の家を転々とし、流れに任せる以外生きる術がない生活を強いられてきた。

やっと金満津にたどり着き、姉にも再会でき、養女にもしてもらったが、父とも頼った男に裏切られた。芸者に売られた。

それにもかかわらず、

「わたしは運が良かった」

と回想できる今の自分がいる。

まわりの芸者衆とてみんなおなじだ。それぞれじつに複雑な家庭環境の下で育てられている。

そんな者同士が形成する世界だから、外界を見る目は警戒心に充ちている。

毎夜、きれいな着物に着飾ってお座敷に出ていく。

にっこり笑って客に応対していても、相手の男をじっと観察している自分がいる。

そんな円弥さんが、角栄氏に初めて会ったときの印象は、

「思いやりのある、気さくな人」

だった。

おべつというご祝儀

昭和三〇年代の神楽坂。料亭が七、八〇軒。芸者衆四〇〇人以上。「サライ」の記事によると、税別で玉代が二時間一万二五〇〇円。延長一時間六〇〇〇円。その他にご祝儀《しゅうぎ》。昔は数えの一五でお座敷へ出られた。きれいな着物を着て、自毛で桃割れを結い、お酌として
お座敷に出た。お酌は、お座敷に出ているお姐さんに呼ばれることが多かった。

宴会後、二次会で待合さんにも呼ばれていくが、お酌は処女《きむすめ》だから後口《あとくち》はない。

後口とは、宴会のはねた後、気に入りの妓を待合へ呼んで、こたつに入ってふたりで酒を飲んだりする。隣の部屋には布団が敷いてあったりする。昭和三三年（一九五八年）の売春防止法が完全施行されるまでは、そんな自由恋愛が合法化されていた。その後、待合はなくなり、廃業や転業して料亭になった。

三業界が二業になったのだ。三業界とは、料理屋、待合、置屋をさしている。戦後は料理屋と待合が統合され、料亭という形になった。

お酌から一本になったらそうはいかない。客に呼ばれれば、夜中だろうが出向く。断れば料亭さんの顔をつぶすことになる。ときには、明け方までつきあわされることになる。

定額料金の花代とは別に、お客からご祝儀をいただける。今でいうチップだ。戦前はおべつと呼んでいた。

正月には、人気の芸者衆には客から大量のおべつ（ご祝儀、お年玉）が入る。出の衣装は衣紋を大きく抜いているので、その後襟にそっと入れてくれる。遊びの世界だから、客も芸者衆に分からないようにそっと入れる。それが粋というもので、下心が透けて見えるような渡し方は野暮だと芸者衆に嫌われた。

だから家に帰って着物を脱ぐと、おべつがばらばらと畳の上にこぼれたものだ。

「それだからといって、わたしたちが、おべつ目当てだけでお客様に接していたわけではありません」

親しい客に、

「そんなのいいのよ。ご祝儀なんていいのよ」

と断ったものだ。

金を稼ぐためだけに、芸者をしていたわけではなかった。親のために、その他、いろいろなしがらみで芸者をしていた。

ケチな刎頸《ふんけい》の友

小佐野賢治《おさのけんじ》さんは、芸者にもてた。角栄氏よりずっと背が高かった。

けれど、ケチだった。

角栄氏もいつも言っていたという。

「あいつは、ケチだからな」

小佐野さんが料亭松ヶ枝へ来ると、金満津の芸者衆が三、四人呼ばれる。角栄氏がおなじ松ヶ枝に来ていることを知ると、

「田中が来ているだろう。そっちでもらったら」

と、おべつを出すことを渋る。

芸者衆たちは、

「田中先生が来てくれると、わたしたちは助かるわ」

と角栄氏がお座敷に来ることを喜んだ。

戦後のおべつは、ふつう二万から三万円。ご祝儀袋に名前を書いて渡した。よほど急なときでも、必ず紙に包んで渡した。


小佐野さんといえば、こんなことがあった。

角栄氏は、人の好き嫌いが激しかったという。だから、自分の好きな客しかお座敷には連れてこなかった。

あるとき、

「小佐野さん、ちょっと寄りますか」

と小佐野さんをお座敷へ誘った。

世間話をしていて、角栄氏が少しの間、席を外したときだった。

そのとき、小佐野さんが言った。

「あなたとは、あいませんな」

ハッキリと言われた。身構えるような言い方だった。冷たい空気が流れた。

和子さんに対して、何か危険なものを感じたようだった。和子さんが普段お座敷で客から感じる「警戒心」とおなじ類のものを小佐野さんが感じ取ったのだろう。

「おとうさんとわたしとの間には何も隠し立てするものがなかった」

と和子さんが言い切ったことがある。凄い自信だった。角栄氏の口から漏れる秘密を恐れたのかもしれない。

それっきり、小佐野さんとは二度と会うことはなかった。

厭な客

お座敷へは、一対一で呼ばれることもある。

角栄氏のような、気さくで金払いの良い客ばかりではなかった。

襖《ふすま》を開けて客をちらりと見た瞬間、厭だなと分かる客がいる。瞬間分かる。

入ってきたのと同様、左手を添えながら襖を閉める間に、心を落ち着かせる。

「いらっしゃいませ。円弥でございます」

傍へ行って、丁寧に挨拶する。

そういう客はとにかくベタベタする。こっちにこいとか、傍へ近寄らせるように仕向けてくる。

それを、言葉を使っていい加減にあしらうのが、芸者という者。

「あしらう」ムードを使ってやりすごすこと。

芸者衆という者は、ここまでは言っても、ここから先は絶対返さない。客に決して失礼なことは言わない。

私が言った言葉で、お客様から返ってきた言葉で、あしらい方が変わる。

円弥さんの場合、その間に、笑いが入る。首を傾げてニッコリ。

「なぜかしら」

向こうにも、こっちにも分からない可愛らしい笑い。これで大抵は、際どい場面を切り抜けられる。

そんな厭な客に対しても、別れ際には言う。

「この次、呼んでくださいね。いらしてくださいね。お待ちしていますから」

それが芸者としての客に対する礼儀だから。

そして、おなじ客に二度目に呼ばれたときは、やはり商売だからいく。それがお座敷というもの。

けれど本音は、呼ばれたときは呼ばれたとき。受けるときもあれば、受けないときもある。後のことは、そのときそのときに考えることだから。

真ん中抜ける

お座敷での、芸者衆間での陰湿《いんしつ》な「いじめ」というものもある。

三味線を弾いている芸者衆が、わざと唄と唄の間を飛ばしたり、三味線の音色を外す。踊っているほうは困るが、なんとか即興でごまかす。客に分からないようにする。

芸の上のことだから、その後はおたがいに何も言わない。気がつかない振りをする。だが、やられたなということは分かる。

お座敷での面と向かっての罵倒《ばとう》とか、取っ組み合いの喧嘩など滅相《めっそう》もない。できっこない。そんなことをしたら、料亭さんの顔に泥を塗ることになり、お出入り禁止。神楽坂にいられなくなる。お座敷を仕切っているのは、あくまでもそこの女将《おかみ》だから。

面と向かっての意地悪なども、仲居さんが見ているからできない。仲居さん、料亭の女将、置屋のおかあさん、検番と統制がとれている。

そんなお座敷での「女の戦い」があっても、和子さんは根っからの踊り好きだった。

踊りに関しては、和子さんは一家言ある。

日本舞踊の基本は目を止める。目を浮かせて踊ってはいけないのだ。

チン、トン、シャンと首を左右に振って、最後に首を傾げて止める。

それから、ちょっとちゃめっ気たっぷりな笑顔になって、

「チン、トン、シャンで首を傾げて、好いたお方の目で止める。これでたいていの男はなんとか、堕《お》とせると思いますよ」

客をドキッとさせる。「俺に気があるな」と思い込ませ通い詰めるようにするのだ。円弥さん流、男をものにする極意だった。

角栄のジェラシー

日本が戦争に敗れ、若旦那（二代目花柳輔三朗）が無事戦地から戻ってきた日のことを、和子さんは昨日のことのように思い出す。

痩せ細った体にリュックを背負い、汚れきった身なりの若旦那を見たとき、金満津の女将も一瞬誰だか分からなかったという。

空襲で両親を亡くし、復員したその足で金満津を訪れたのだ。

それからは、何から何まで金満津の女将の采配《さいはい》で、吉原の料亭のお嬢さんと結婚。女将の推薦で、再び神楽坂検番の踊りの師匠にも返り咲くことができたのだった。

しかし若旦那は、戦地でマラリアに罹《かか》った後遺症《こういしょう》で、酒を飲んだときなどお座敷でときどき痙《けい》攣《れん》を起こし、和子さんをハラハラさせた。

しかし、踊りの技能はたしかだったし、先代の名跡を継いだ花柳流の師匠だったから尊敬できた。

そんな輔三朗さんから踊りを習ってから、一〇年が経とうとしていた。和子さんにとって、「名取《なとり》」の問題が浮上してきた。

「名取」とは、一定の技能に達した弟子が、師匠から流儀名（花柳流とか藤間流など）を許されることをいう。

輔三朗さんからも内々に、和子さんに自分の流儀名を取るよう打診されていた。和子さんもおなじ考えだった。

和子さんにとっては、踊りこそが命。また、踊ることに関しては誰にも負けない自負心があった。将来は、若い人にも教えられるようになりたい。

ただ名取になるには、それ相当のお金が必要だった。名取の襲名披露《しゅうめいひろう》にも莫大な金がかかる。どうしても角栄氏の後援が必要だった。

「ところが、思わぬ横槍が入った」

と和子さんは言う。

「絶対あいつからの名取は許さん。欲しければ、十五《とうご》からもらったらいい」

以前から和子さんが想いを寄せていたことを、誰か他の芸者衆から聞かされたに違いない。それでなくても、普段からの輔三朗さんのもて振りに、角栄氏がジェラシーを起こさないわけがない。和子までも惚れていたのか。頭にカーッと血が上った。

和子さんにも言い分があった。

「輔三朗さんには、れっきとした奥さんがいるし、わたしも旦那持ちの身。何を今さら、おとうさんがジェラシーする必要があるのでしょうか」

しかしそれはおかしいと私も思う。たがいにプラトニックに終わった恋だからこそ、いつまでも尾を引くのだ。それは誰の目にも隠せない。

お母さんも同意見で、

「お前は十五から名をもらうのが筋だろ」

と角栄氏の肩を持った。

そんなふたりの言葉に、日ごろの鬱憤《うっぷん》が爆発した。

そもそもおとうさんは、わたしがお座敷へ出ることとさえ反対する。

何もかも束縛されて、我慢の限界にきていた。思わず意地になって叫んでいた。

「それなら、私、名なんかいりません！」

後で後悔してもしきれない、取り返しのつかない宣言をしてしまった。和子さん弱冠二〇歳だった。

それっきり、「名取」の件は、話題にも上らなくなってしまった。

「おとうさんの、ジェラシーです」

お座敷を引くとき

角栄氏と昭和二二年（一九四七年）二〇歳の夏に、一緒になってからも子どもが生まれるまで、和子さんは円弥としてのお座敷を引かなかった。

芸者をすぐに引かなかった理由は、角栄氏の土建業が上手くいかなくなったことと、政治家としてもまだ一流ではなかったからだ。

それになんといっても、和子さんは「お座敷」が好きだった。家にじっとしているほうが、むしろ苦痛だった。

角栄氏に芸者新路《しんみち》に家は建ててもらったが、芸者を辞めたわけではなかった。

ただ困ったことに、角栄氏は大の「焼き餅焼き」だった。角栄氏のお座敷へ出るのは構わないが、他のお座敷へ出ることを嫌がった。

それに反して、和子さんは焼き餅を焼かなかった。角栄氏もお座敷へ出れば、和子さん以外の芸者衆とも出会うことになる。

金満津の女将も、そんな和子さんに舌を巻いていた。

「和子ほど芸者らしい芸者はいない。肝が座っている。大したものですよ」

和子さんにしてみれば、お母さんの考えはともあれ、芸者衆をこのままずっと続けられるものとばかり思い込んでいた。

「芸者は旦那を持って一人前」

といわれていた時代だった。最初から結婚のことは念頭になかった。だから好きな人に旦那さんになってもらえて、これ以上の幸せはなかった。

それに和子さんにとって踊りのない人生など考えられなかった。また踊りを披露できるのもお座敷あってこそのものだった。

よく巷《ちまた》で、ホステスさんと芸者衆の違いを論ずるが、ホステスさんは自分が気に入ったら一緒になろうと考える。だが、芸者衆は違う。結婚は求めない。自分ひとりで生きていく。

「だから芸者は、自分の墓は自分で買うのです」

和子さんは、当時を振り返る。

「それにしてもお気楽なものでした。旦那持ちの身ながら仲居頭のおみっちゃんとお母さんの掌で、蝶々のようにあっちへ行ったりこっちへきたり。お座敷を楽しく飛びまわっていたのです」

水商売が芯から身にあっていたという。花柳界という水の中を、生き生きと泳ぎまわっていたことはたしかだった。

「子どもがほしいなぁ」

夏になると神楽坂の夏祭りで、毘沙門天《びしゃもんてん》の境内に屋台がつくられ、その上で芸者衆の組踊りが披露された。そんな折は縁日も出て、子どもが喜ぶような金魚掬《すく》いや飴細工、綿飴屋などが並んだ。

近くの南町にお屋敷があった角栄氏も、奥様と幼いお坊ちゃま「正法《まさのり》さん」を抱っこして遊びにきていた。

人生、何が起こるか分からない。正式に角栄氏に旦那さんになってもらって一ヵ月ほど経った九月のある日、突然田中家に思いがけない悲劇が襲った。

長男の正法さんがまだ五歳という可愛い盛りで急死されたのだ。腹水がたまり、飯田橋の日大病院へ搬送されたが手遅れだった。

それからの角栄氏は、金満津に顔を出しても、何となくぼんやりとしていることが多くなった。人前では元気そうに振る舞っていても、幼くして亡くなった正法さんのことが頭から離れない様子だった。

和子さんも本宅へ伺い、奥様をお慰めしようと思ったが、

「おまえが顔を出してどうするんだい。自分の立場というものをわきまえなさい」

とお母さんに厳しく怒られた。

おとうさんと一緒になるに際して、和子さんは以下のことをお母さんから厳重に言い渡された。

一、分をわきまえて、絶対に奥様をないがしろにしてはいけない。
二、公の場所へ顔を出してはいけない。
三、奥様と同席してもいけない。
四、呼び出しの電話に応じてはいけない。

葬式や喪のこともあり、角栄氏はしばらくの間、金満津へは顔を出さなかった。

だがすぐに、持ち前のバイタリティを取り戻し、ご長男の死から表面的には立ち直ったかのように見えた。

しかし、金満津を訪れた際には、時折正法さんを思い出しぼんやりしていることが多かった。

「子どもがほしいなぁ。おまえ男の子を生んでくれないか」

ときどき、そんなことを漏らすようになった。

和子さんとしては幼いころからの病弱で、自分には子どもはできないだろうと漠然と考えていた。それにまだ二一、二歳。踊りこそ命と思っていたから、自分が母親になる姿さえ想像できなかった。

けれど角栄氏の願望は本気のようで、そんな言葉をたびたび聞かされると、和子さんも本気で子どもを持つことを考えるようになった。

人に教えられて、子宝に恵まれる神社仏閣にもお参りにいった。

大山《おおやま》へも登った。春日局《かすがのつぼね》が江戸初期、三代将軍家光《いえみつ》のために「子授け祈願」をしたと伝わる、神奈川県伊勢原《かながわけんいせはら》の「大山阿夫利《あふり》神社」だ。

八王子《はちおうじ》の先の、高尾山《たかおさん》までも足を延ばした。半分、遠足気分だったが。

しかし、そんな子宝祈願の神社巡りもほんの一時で、角栄氏も子どものことを口にしなくなり、すっかり忘れたころ、昭和二六年（一九五一年）、思いがけず自分の妊娠を知ることになった。

三月の戌の日には、安産を祈願して日本橋《にほんばし》の水天宮《すいてんぐう》へお参りにいった。

帯祝いには、お母さん、松ヶ枝の女将、金満津の芸者衆に集まってもらい岩田帯を締めた。

その後、五ヵ月くらいまではお腹もあまり目立たなかったので、岩田帯を締めながらお座敷へも出た。

ご贔屓《ひいき》のお客様が、

「こいよ、こいよ」と呼んでくださるので行くと、鰻重とかみかんなどを用意して待っていてくれた。

やたらお腹がすくので、お腹の赤ん坊の分まで食べまくった。

金満津の家族構成

置屋「金満津」の家族構成は、女将の姪「円子姐さん」と、女将の義母、通称「ババちゃん」、

戦前に辻むらが浅草から神楽坂へ移った直後。前列右から３人目が辻むらさん、左隣がバーバ、ひとりおいて円子姐さん。後列２列目、右から２人目が祖父

（長男・田中京《きょう》が生まれてからは「バーバ」）がいた。浅草の女衒《ぜげん》業で私の祖父の患者だった「岩瀬さん」の奥さんだ。和子さんが声を潜めて言うには、

「昔、吉原で女郎だった」

私の家の古いアルバムに、岩瀬こうさんの赤茶けた写真が残っている。

しわくちゃの顔の老婆が、顔に手拭を被り腰をくねらせて踊っている写真だ。

「ババちゃんはすずめ踊りの名手」と聞かされた記憶がある。要するに、玄人さんだ。

そのババちゃんが、養女になったばかりの和子さんに、懇々《こんこん》と言い聞かせたという。

「お母さんに可愛がられなくっちゃあいけないよ。決して歯向かっちゃあいけないよ。巳年生まれは執念深く、一度怒らせたら決して許さないからね」

その言葉を守って、和子さんは生涯お母さんに尽くしたのだった。

裏方としては、三人の女中がいた。一番若い千葉《ちば》の漁村から来た仲居さん。真ん中がときどき代わる。一〇人もの芸者衆を抱えていると、常時、三人は必要だった。

仲居頭の「小倉みつ」通称「おみっちゃん」は、お母さんより一三歳年下だった。和子さんが養女になったときは二九歳だった。

おみっちゃんは、二五歳のときに金満津に奉公に出された。丙午《ひのえうま》年生まれが原因だった。今でも、丙午の年は結婚率が下がるという。戦前はなおさらで、丙午年生まれの女性が迷信の犠牲になり結婚できなくなった。

なんでも江戸時代「振袖火事」で有名な、「八百屋お七」も丙午年生まれだったとかで、「丙午年生まれの女は男を食い殺す」と忌み嫌われていた。

おみっちゃんは頭が良く、尋常小学校時代級長をしていたという。いつも地味な着物の上に白い割烹着を着て、四角い竹の買い物籠を下げ忙しそうに歩きまわっていた。とてもしっかり者で、商売上の帳面も全て管理していた。

おみっちゃんは一生独身を通し金満津に尽くした。

後年は、角栄氏の信望も厚く、

「おみっちゃん、おみっちゃんと角栄さんがおだてるものだから、最近図に乗っちゃって手がつけられない」

と女将がこぼしていた。

その他に、金満津には常に芸者上がりの老婆が居候《いそうろう》していた。当時は、「お琴姐さん」がいた。お座敷は所詮「大人の遊びどころ」だったから、エロっぽい踊りもあった。スリッパを股の間に挟んで踊ったりする。

「お琴姐さん上手かったぁ」

と和子さんが称賛していた。

また、一〇人ほどの芸者衆が常時同居していた。

その他に、子どもが生まれてからは、分家の女将たちが交代で手伝いにきていた。

料亭「金田」の女将は、子どもも産んだことがないのに、赤ん坊のお湯係として、「ブーババ」と呼ばれていた。毎晩赤ん坊を風呂に入れにやってきた。

その他に、外出時の運転手として検番から「笠原正則さん」が、駆り出されてきていた。

笠原さんは、ロッキード事件の際、埼玉《さいたま》県の山中で車に排気ガスを引き込んで自殺した。検察の取り調べを受けた直後だった。もともとは神楽坂検番のお抱え運転手だったが、結婚を機に、金満津のお母さんに頼んで角栄氏の私設運転手になった方だ。

私も留学時、羽田《はねだ》まで送ってもらったことがある。気のいい、親切な方だった。

月末には、角栄氏の甥の「新宅《しんたく》さん」が、茶封筒に入った一〇〇万円を生活費として届けにきた。その新宅さんも、ロッキード事件発覚から一〇年後、自宅で首吊り自殺を遂げている。

第六章　「素人さん」の生活

素人さんと玄人さんとの違い

「だから素人《しろうと》さんは厭《いや》なのよ」

これが、その当時の和子《かずこ》さんの口癖だった。

素人さんの生活を真っ当しようとすればするほど、数々の矛盾に行き当たった。

角栄《かくえい》氏から、

「子どもの育児に専念すること」

を条件に、芸者衆から素人さんになった和子さんだったが、演舞場などに芝居を観に行くと、

「あら、お姐さんお久し振りです」

などと芸者衆から、挨拶を受ける。

すると、かちんときたという。

「もう芸者を辞めたのですから奥さんですよ。何て口のきき方を知らない妓《こ》なんだろう」

だからといって、

「おとうさんには奥様がいらっしゃる。やっぱりそこは考えて差し上げないといけない」

と、一歩引き下がる自分がいた。

素人さんになった和子さんだったが、最後まで思考回路は芸者衆のままだったように思える。

私の問いかけに、迷うことなく次のように語っている。いつも自分のことを「わたしたち玄人《くろうと》

は」と語った。

和子さん談。

「素人さんとは、まともに考える人。

ご夫婦間のことでも、まっすぐのことばかり考えているから、旦那様に浮気されたとか、あっちへ行っちゃったとかなると、どうしようというのが先に立っちゃって、別れたほうがいいかとか真剣に考えてしまう。

聞き流して、言いなりに従っておけばいいじゃあないの。

わたしたち玄人のほうが見えちゃってるわけですよ。あまり目くじらを立ててやれば、もうダメになってしまう。

素人さんはまっすぐ。わたしたちは曲がりくねっている。考え方が。

それでも芸者衆は、別れるときはきっぱりやるわけですよ」

酔って学校に泊まる

素人さんとしての第一歩は、子どものためのＰＴＡ活動だった。なにごとも一生懸命だが、ある状況になるとつい「お里が出る」。

たとえば、運動会での「親子踊り」では、つい見かねてお母さんたちに踊りの指導をしてしまう。

子ども四人組時代からの仲良し秀龍《ひでりゅう》さんも、戦時中千葉《ちば》県佐倉《さくら》に疎開《そかい》して農協で事務をしていたが、盆踊りのとき農家の人たちに踊りを教えたという。もちろん芸者だった身分は隠して。

卒業式では、先生方に感謝の言葉を述べるときには徹夜で暗記して、他のお母さんたちを驚かせたという。


津久戸《つくど》小学校では、おみっちゃんが子どものお弁当づくりに毎朝腕によりをかけた。隣の席の子どもの弁当を覗いて、そのあまりの質素さに、

「お前、そんなものを食っているのか」

と驚いたという話を母がむらさんから聞いたことがある。それほどおみっちゃんのつくったお弁当は豪華だったそうだ。

九段《くだん》中学校では、そのＰＴＡ活動にさらに拍車がかかった。信じられない話も伝わっている。

ある日、母が笑いながら伝えてきた。

「きのうね、和子さんが酔っぱらって学校へ泊まってきちゃったんですってよ」

むらさんと母のホットラインは、素人さんの生活になってからも続いていた。

私の地元の浅草《あさくさ》では、卒業式が終わると近くのホテルで謝恩会がおこなわれた。そこまでは子

ども同伴だが、謝恩会が終わると役員のお母さんたちは一旦家に帰る。そして着物に着替えると二次会へ繰り出した。

二次会では教師の前で、素踊りを披露《ひろう》したりする。もう学校に子どもを人質に取られていない気楽さで、口調もぐっと砕けたものに変化する。

「あら、先生一杯いかが」

新任の若い教師をドギマギさせる。

そしてそれから先は、教師抜きの三次会が始まる。行き先は、「ホストクラブ」か「ニューハーフバー」。

空が白むまで続いた。

浅草まではいかないにしても、和子さんもＰＴＡ役員活動では大活躍したという。なにごとものめり込んだらトコトン。途中で座を抜け出すことなどできない人だ。

それで、学校へ行ったきり朝まで帰ってこなかったという。

お母さんはてっきり、

「夕べ和子は、酔っぱらって学校へ泊まってきちゃったんですよ」

と母に報告したのだろう。朝帰りには違いなかった。

素人衆になってからの、ＰＴＡ以外の校外活動としては、芸者時代にしなければいけなかった習いごとを、遅まきながら始めることにした。

俳句、お茶、書道である。

書道は、後藤庭竹《ごとうていちく》という女の師匠につき、「カナ文字」を得意とするまでになった。今でも手紙を書くときは、巻紙に毛筆を使って字をしたためる。踊りもそうだったが、一旦気に入ると、とことんのめり込むのが常だった。京《きょう》さんの六年後に次男・田中祐《ゆう》さんが生まれている。


和子さんの心配は、あまりにお母さんが子どもたちを甘やかすことだった。

お母さんはお母さんで、

「あんな育て方じゃあろくな子に育たない。後で泣いても許さないからね」

と怒っていた。

それにしても、むらさんの孫に対する可愛がりようはとろけるようだったという。

「京ちゃんはババちゃんの宝珠の玉」

神楽坂から帰ってくると、母はいつもそう言ってむらさんの口真似をした。

角栄氏に対しても、和子さんは不満だった。

「欲しがるものは何でもすぐ買い与えるのは良くない」

と言っていた。

父親の愛

思春期には、誰でも親に反抗的になるものである。とくに長男に対する男親の期待は大きい。女ばかりの所帯で甘やかされて育った京さんにとって、時折帰り鉄拳を振るう父親の心は理解できなかったろう。

和子さんはいつも子どもに可哀想なことをしてきたと悔《く》やんでいた。もともと文系の人を理系の大学へ入れるような育て方をした。

金満津《かねまつ》には辻《つじ》むらさんを慕って、歌舞伎界から大勢人が集まってきていた。京さんは小さいころから和子さんに似たのか踊りが好きだった。立ち姿がきれいだった。

それで、歌舞伎の市川左團次《いちかわさだんじ》さんがぜひ自分の後継者に、養子にと求めた。またお能の家元である観世《かんぜ》家からも養子にと話があった。

けれど、その話に角栄氏が断固反対した。耳さえ貸そうとしなかった。

将来は自分の跡を継がせ、政治家にする気でいたことはたしかだ。

「可愛い子には旅をさせろ」の格言通り、ふたりの子どもを世界一周の旅に出した。次男の祐さんは、顔立ちは父親そっくりだ。広く世界を見てこいと願いを込めたのだろう。しかも、「困ったときはいつでもどこでもこれを出せ」と水戸黄門《みとこうもん》の印籠《いんろう》のごとく名刺に裏書きまでして渡した。それほど心配だったのだろう。いつも和子さんに、「大丈夫か、大丈夫か」と訊いていたという。

なにごとも即答できる角栄氏が、好きになったら、カーッと頭に血が上るという性格ゆえに、自分の血を分けた息子たちをもって、どう愛したら良いのか分からなくなったのだろう。殴ったり、抱き締めたりする。好きなものは何でも与えた。それほどのわが子への溺愛《できあい》ぶりだった。

芸者新路から袋町へ

芸者新路の置屋「金満津」から、袋町《ふくろまち》の家へ引っ越したのは、

「男の子が大きくなり、芸者部屋で遊んでいるのは教育上良くない」

というお母さんの角栄氏への進言によるものだった。

ちょうどそのころ、神楽坂はん子に続き、芸者から歌手になって売れっ子になった「神楽坂浮子」さんの家が売りに出されたのだ。角栄氏はすかさずそこを購入した。敷地面積、八〇坪。神楽坂通りから道を外れて、細い道を上った高台にあった。格子戸が入った粋な二階家だった。

それまで抱えの芸者衆一〇人ばかりと寝起きをともにしていた和子さんにとっては、新しい袋町の新居は、

「広すぎて、閉口したほどです」

「ここで子育てをすること」

が、角栄氏の絶対条件だった。

左から、母、料亭金田の女将、モーサー夫人、著者

芸者新路の家を処分するに当たって、置屋「金満津」は当面「休業状態」に入った。抱えの芸者衆たちはそれぞれ分家に振り分けられた。

昭和三七年度（一九六二年）の「神楽坂芸妓芸妓屋組合連盟帳」によると、金満津から分かれた分家は、二三となっている。そのうち、休業中としては金満津を含めて五軒。金満津、福金《ふくかね》、分金《わけかね》、金田《かねだ》、一金《いちかね》である。

それでもまだ分家が、一八軒残っていた。そして、そこにそれぞれ何人かの芸者衆が散っていた。

だからこそ、

「神楽坂は金満津一族。めったなことは言えないぞ」

と恐れられていた所以《ゆえん》である。

六〇〇〇人以上の芸妓が集まる神楽坂置屋組合長を辞めた後も、辻むらさんの勢力は依然衰えることはなかったろう。しかも、むらさんの後ろには田中角栄氏が控えていた。

その後しばらくして、円子姐《えんこねえ》さんが金満津を再開したが、女将《おかみ》としての度量《どりょう》が欠けていたのか上手くいかなかった。そしてそれが、置屋「金満津」の終焉《しゅうえん》になった。晩年の円子姐さんは年老いても芸妓《げいぎ》としてのプライドが捨てきれず、神経を病んでしまってむらさんを悩ませた。

袋町の家では、お母さん、その義母のバーバ、和子さん、おみっちゃん。それと千葉の漁村からきた若い女中さんの五人で、ふたりの子どもの子育てをした。もちろん、分家の女将たちも応援に駆けつけた。

だが、五〇坪の芸者新路の置屋から、八〇坪の袋町へ引っ越したとき、さらにまだその上があることを、誰が予想しただろう。

ついの棲家へ

昭和四〇年（一九六五年）、袋町から数十メートルいった先に、新しい土地が手に入ることになった。国有地が払い下げられたということだった。

敷地面積、三五〇坪。神楽坂通りから、細い路地を上った見晴らしの良い高台にあった。下に東京理科大学、真向かいに東京逓信《ていしん》病院が見えた。

ところで神楽坂通りは、全国唯一の変則交通規則がある。夜と昼で進行方向が変わるのだ。午前中は上から下へ、午後は下から上へと交通標識が変わる。それは角栄氏が円弥《えんや》さんに会うためにつくられた坂という伝説がある。

夜は円弥さんに会いにいくために、朝は円弥さんに別れを告げて永田町へいくために。

その件に関しては、

「それは、ないわね」

と和子さんが艶然《えんぜん》と笑って答えたが。

翌四一年（一九六六年）、むらさんにとってはついの棲家《すみか》となるべき新居が完成し、三度《みたび》の引っ越しがおこなわれることになった。むらさん七三歳。

むらさんは常々言っていた。

「大きな門のある家で死にたい」

ついに、夢が叶ったのだ。

その家には、大きな門ばかりか広い石庭と築山《つきやま》があり、一階の中央、庭に突き出た最も見晴しの良い部屋が、むらさんの寝室だった。

さらに、一階に七つ、二階に五つの部屋があり、浴室も一階と二階にふたつあった。またいざというときのために、むらさんの寝室の隣には、看護師部屋まで用意された。

思えば、和子さんにとっては、深川《ふかがわ》材木問屋の広い大店から、葛飾《かつしか》区高砂《たかさご》のあばら家へ転落していったときの真逆のことが起こっていたのだ。

ところで金満津には、戦前から占い師や霊媒師《れいばいし》たちが出入りしていたが、その中のひとりが新居に対して不吉な卜占《ぼくせん》を立てた。

「この家には、乾《いぬい》（西北）の方角が欠けています。旦那の足が遠のく家相です。ただちに、その欠けた場所に大きな木を植えなさい」

はたして、その予言は的中したろうか。

女たちのロッキード事件

むらさんは常々、母に言っていた。

「先生、わたしが死ぬときは、苦しめちゃあいけませんよ」

和子さんに言わせれば、

「おおねは気が小さい人だから」

だが、母にとってはその言葉は、むらさんの遺言のようなものだった。

いざとなったら楽に死なせてあげる。殺してあげる。そういう約束をしていた。

介錯《かいしゃく》。切腹する武士に付き添い、その首を斬り落とす。少しでも楽に死なせてあげること。そのお役目を請け負ったのだ。

だからそのときが近付いたとき、母はこっそりとモルヒネを用意した。現在は緩和ケアとして、癌《がん》患者の末期治療としてモルヒネを使用することは許される。しかし、当時は禁止されていた。刑罰ものだったろう。医師免許取り上げである。

しかし、ふたりの絆《きずな》は固い。遺言通り、楽に死なせてあげなければならない。むらさんは胆嚢《たんのう》が悪いとされていたが、胆嚢癌だったのだろう。すでに末期の黄疸《おうだん》症状がでていた。

母は和子さんを通して、むらさんから託された遺言の件を角栄さんに申し出た。

だが、当たり前のことだが、角栄氏が日中国交回復交渉にも同行した、中国からの引き揚げ者である若い女医がそれを許さなかった。母は地団駄踏んで悔しがった。

「だって、約束したんだから」

今にも泣きそうな顔で言った。そうできないことは、母にとっては、断腸の思い。その言葉通り「腸《はらわた》が千切れるほどの悲しみ」だったろう。

しばらくして、辻むらさんは、昏睡《こんすい》状態に陥った。そしてそのまま、三週間以上も息を引き取らなかった。生き返る確率は、ゼロパーセントだったろう。今でいう植物状態に陥ったのだ。

ついに若い女医が根負けした。

角栄氏から、

「どうにかしてくれ」

と言われたのだ。

けれど今さら、深井先生には頼めない。

それからすぐ後、むらさんは息を引き取っている。誰が、介錯役を引き受けたのか。誰が、引導を渡したのか。

絶対許せないこと

角栄氏が昭和四七年（一九七二年）、日中国交回復交渉時にも同行したという日本人の女医とは一体何者なのか。

母が絶対許せないことは、その若い女医に、角栄氏がむらさんの死に水を取らせたことだ。現在では病院で亡くなった場合、患者の遺体処理は看護師がおこなう。だが、母はかって、

「開業医という者は、遺体消毒を医師自らがおこなわなければならない」

と苦渋の表情で私に語ったものだ。そう祖父に厳重に教わったという。もちろん、汚物の処理もする。

消毒液を含ませた大量の脱脂綿で、遺体の隅々まで丁寧に拭き清める。そして、白い死に装束《しょうぞく》に着替えさせる。そこまでしないと、死者の家族は納得できないと。母は、むらさんの遺体処理をどんなにかやりたかったことだろう。万感胸に迫る想いで、むらさんの遺体を清め、別の世に

送り出したかったろう。

はたしてその若い女医は、自ら遺体処理を施したろうか。看護師に事務的に任せたにちがいないだろう。

結果、母がむらさんの葬儀に出席した形跡がない。そんな場合は、必ず私を連れていったから。辻家と深井家にとってありえないことだった。

角栄氏からの電話

そして、翌年の昭和五一年（一九七六年）にロッキード事件。むらさんが亡くなってから一年四ヵ月が過ぎていた。ある日、角栄さんから、母の元へ電話がかかってきた。

すでに丸紅と全日空の幹部が、ロッキード事件に関連して逮捕されていた。角栄氏がロッキード事件で逮捕される直前だった。

「ロッキード事件で、裁判の証人になっている、ある会社の役員がいます。先生、出廷できないとの診断書を書いてもらえませんか」

母は、きっぱりと断った。

ふざけんじゃあない。あの若い女医に頼んだらいい。

電話を切って、母が呟《つぶや》くように言った言葉を覚えている。

「世の中の九九パーセントは、金で解決できる。けれど後の、一パーセントはない」

（はたして角栄氏は、どれだけの金額を見返りとして提示したろうか。一〇〇万か、二〇〇万か、三〇〇万か。私は聞き洩《も》らした）

電話を切って、母は肩で大きな息をしながら、寂しそうな目をしていた。

しかし、おなじ頼みごとを、もしむらさんから頼まれたら応じたろうか。応じたと思う。どんな手段を使ってでも決行したと思う。医師免許の剝奪《はくだつ》も恐れなかったろう。母はそういう女だ。だが、むらさんも、決してそんな頼みごとはしなかったろう。わたしはそう強く確信する。それほど、ふたりの絆は強かった。

田中角栄逮捕

昭和五一年（一九七六年）七月二七日の夕刊は、一斉におなじニュースを大々的に流した。

「田中角栄逮捕」

私の母の第一声は、

「むらさんがいなくて本当に良かった」

というものだった。

生きていたら、逮捕を知ったら、どんなに悲しんだことだろう。だから、死んでいてくれていて良かったと。

不思議なことに、和子さんも、また、むらさんを知る大方の知人も、母とおなじ感想をもらしたということだった。

　むらさんは偉大だった。


　後日談がある。和子さんが例の霊媒師にお伺いを立てたところ、

「むらさんはまだ起きていない。眠り続けている」

　というご神託が降りた。

　それで、むらさんを慕《した》う神楽坂の人たちは、あちらへ行っても目覚めないむらさんは、角栄氏の逮捕も知らず幸せだということになった。

　保釈後の角栄氏も、和子さんにおなじ意味のことを語っている。

「母が死んだ後の逮捕で、お前もほっとしていただろう」

　そんな言葉が、角栄氏の口から、嫌味もなくふっと出た。

最後の会話

　広大な土地の、大きな門のある豪邸ですごした九年間は、むらさんにとって如何《いか》なるものであったろうか。浅草から神楽坂へ、女手ひとつで置屋をきりもりし、多少口煩《うるさ》いが世話好きで面倒見の良い人柄が、多くの人たちの尊敬を集めた。

　なにより一国の宰相《さいしょう》の心を鷲摑《わしづか》みにしたその力量は、一体どこからきたのだろうか。

総理大臣になったころの
田中角栄氏

「息子をもらいました」

と誇らかに、私の祖父に紹介した、あの綾瀬《あやせ》での一日が原点だったと思えてならない。

あの日から、裏切ることも裏切られることもなかったふたりの深い絆は、もしかしたら和子さんの存在さえ凌駕していたのかもしれない。


昭和四九年（一九七四年）冬。

寝室の雪見障子を開けると、廊下に面したガラスの引き戸から、陽射しが燦々《さんさん》と降り注ぐ。冬枯れの庭の木立がどんなに北風に揺れても、寝室の中は温室のような暖かさだった。

むらさんはベッドに横たわり、終日心配そうにテレビを見ていた。ついの棲家へ越してきて、すでに八年がすぎようとしていた。

テレビでは連日、

「米民間航空機売り込みにともなう国際的汚職事件」について報道していた。

私の母は、週二回の診療所の帰りには、必ずむらさんを見舞っていた。

「もう黄疸《おうだん》症状が出ている」

母が心配そうに言った。

母によると、肝臓の入り口にある胆嚢に癌《がん》のようなものができているということだった。

だがもう年も年だし、入院して手荒なことをして苦しめるより、このままそっとしておこうということになった。

命の炎が、まさに消えかけようとしていた。

三月に入ると、むらさんは自力では呼吸が困難になり、酸素吸入器をつけるようになっていた。

ついに、「そのとき」が近づいていた。

和子さんの記憶によると、二月の終わりか三月の初めごろ。一年で最も寒い、冬枯れの最中だった。

むらさんの病状を案じて、角栄氏が久し振りに家へ帰ってきた。いつものように、最高裁長官公邸前で車を下り、暗い中を護衛に囲まれながら歩いて帰ってきた。

畳敷きの和室にベッドを置き、その上でむらさんが横になっていた。かつてたっぷりと結い上げられた頭髪は、今や見る影もなく、白髪交じりの断髪に刈り上げられていた。だがその眼光は未だ鋭かった。

むらさんのベッドの脇に立つのは、一国の総理大臣だった。老いて病む義母を、心配そうに見下ろしていた。

「大丈夫かね」

角栄氏を見上げながら、むらさんが聞いた。

「大丈夫です。心配しないように」

角栄氏は、力強く言い返した。

そして、痩せて筋だらけになった手を、両手で包み込むようにして握った。

ふたりのそんな様子を、和子さんは畳に正座したまま見上げていた。

あわただしい短時間の帰宅だったが、それがふたりが交わした最後の会話になった。

むらさんの大往生

それから間もなく、むらさんは昏睡《こんすい》状態に陥った。それは三週間続いた。

昭和五〇年（一九七五年）四月九日。桜吹雪《さくらふぶき》が舞い散る中、むらさんは息を引き取った。享年八二歳。

昭和五一年（一九七六年）七月二七日。むらさんが亡くなって、一年三ヵ月後、「田中角栄、逮捕」。

第七章　大きな愛

血沈検査

戦後、すぐのころのことだ。私が母の診察室へ入っていくと、いつも血液が入った細いガラス管が、何本か木枠の中に垂直に立てられてあった。母が患者の腕の静脈《じょうみゃく》から抜き取ったものだ。「血沈《けっちん》」検査である。血沈とは、少量の凝固《ぎょうこ》防止剤を混ぜた血液を、細いガラス管に吸い上げて垂直に立て、血球の沈降による上澄みの高さを測る検査法だ。炎症や感染、腫瘍《しゅよう》などの有無、またその進行具合の判定をした。

今では、疾病の診断は採血を検査所に送り遠心分離機《えんしんぶんりき》を使って血液検査をする。梅毒《ばいどく》も判定できる。

しかし梅毒は一度陽性になると、十分に治療をしてもこの反応が陰性になることはない。だが、敗戦直後は、血沈検査が本流だった。しかもそれは、医師本人がおこなった。母が、親指を当てたガラス管の隙間から、口で血液を吸い上げるところを何度か見たことがある。病原菌が含まれているかもしれない血液を、飲み込まないようにガラス管の一定の位置まで吸い上げるのだ。

「危なくはないの?」

と訊いたことがある。

「何回か失敗したことがある」

病原菌を飲み込んでしまったかもしれないのだ。顔をしかめて答えた。

（当然、和子《かずこ》さんも祖父の代から血沈は受けていたはずである）

角栄《かくえい》氏がある日、

「俺、体の具合が悪いんです」

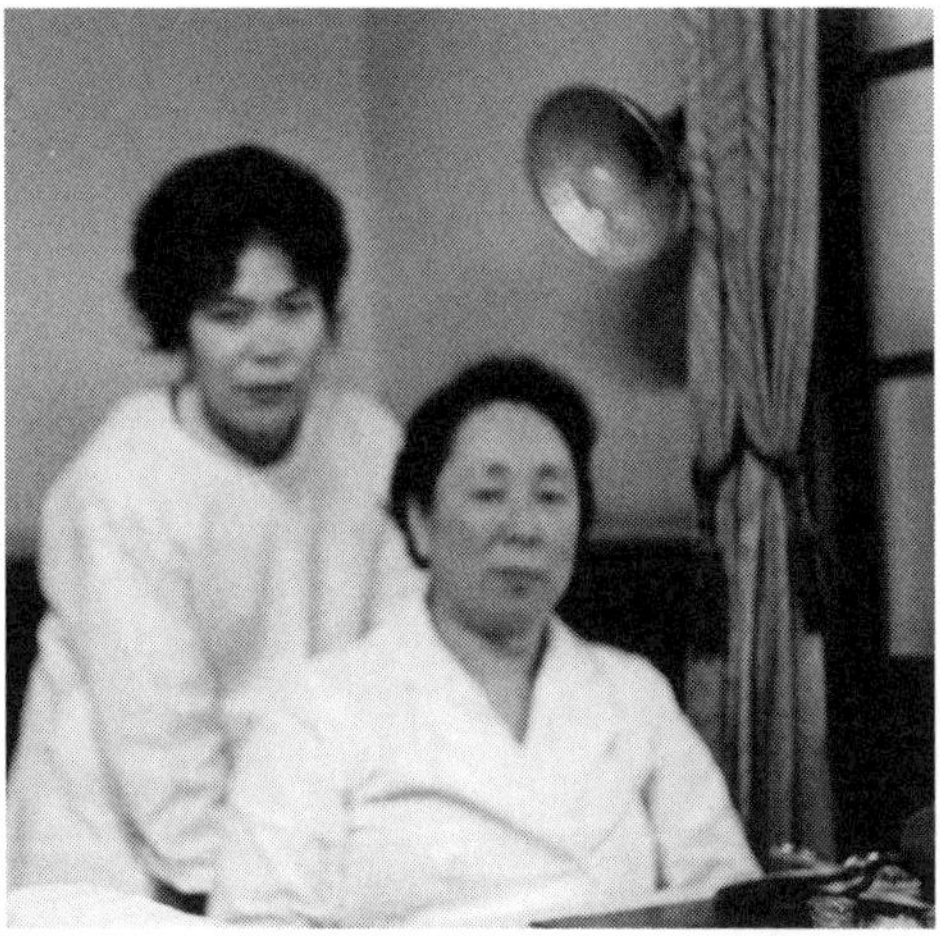

母寿美代47歳のころ。神楽坂の検番診療所で

と言った。

ぴんときたたむらさんは、すぐに母を紹介した。

その結果、神楽坂《かぐらざか》の検番《けんばん》にある診療所には行かせずに、わざわざ浅草雷門《あさくさかみなりもん》まで秘密裏に治療に通わせた。


戦前、花柳界《かりゅうかい》でうつる病気に、「花柳病」と名づけられた性病があった。それほど花柳界では、性病が蔓延《まんえん》していたということだろう。

性行為によって感染する病気に、淋病《りんびょう》、梅毒、軟性下《なんせいげ》疳《かん》、鼠径《そけい》リンパ肉芽《にくげ》腫《しゅ》症などがある。他の性病はあくまでも泌尿器《ひにょうき》のみの問題だが、「梅毒」は梅毒トレポネーマという病原菌が全身をまわって引き起こす病気である。症状としては他の性病の比ではない。

第一期（感染後三ヵ月）微熱、倦怠感《けんたいかん》、全身のリンパ節の腫れ（梅毒疹《しん》）などが現れるという。

第二期（三ヵ月から三年まで）に入ると、トレポネーマは血液の流れに乗って全身に広がる。

母親が梅毒にかかると、胎児は胎盤《たいばん》を通して感染する。その多くは死産や流産になる。たまま生まれたにしても長生きはできない。だが、ときには学童期〜青春期になってから、突如発症するものがまれにあるという。

それが、「遅発性《ちはっせい》先天梅毒」である。

ちなみに、その子どもの特徴的外見はある。青白く、疲れやすく、目の実質性角膜炎《かくまくえん》、口角《こうかく》の亀裂などである。（はたして私の祖父は、誤診したのだろうか）

私の従兄である赤松洋《あかまつひろし》医師に、「血沈」について問い合わせてみた。

「血沈検査で、スピロヘータは発見できないものですか？」

「できません。血沈は、あくまで一般的病気の進行度を見るためのものです。菌そのものを見つけることはできませんでした。結核の進行状態をみるには適していました。遅発性先天梅毒は、ある時期、突然発症するのです」

（良かった。祖父も母もトレポネーマを見落としたわけではなかったのだ）

現在、若い世代で梅毒が蔓延しているという。

後天性梅毒の治療は、ペニシリン薬が効果的である。治療期間は早期梅毒で四週間。晩期梅毒で八週間程度。治療目的は、トレポネーマを死滅させること。

敗戦間もなくの昭和二〇年代は、ペニシリンはまだ世間に広く行き渡っていなかった。米軍関係者から手に入れたという。

（現在、母体の梅毒が胎児に影響するのは、胎盤が形成される妊娠四ヵ月以降だから、妊娠四ヵ月以内に発見して治療すれば先天性梅毒は防げる）

親分に静脈注射

ところで、私の母は日本医師会会長の故武見太郎《たけみたろう》医師と何回か立ち会いをしている。

立ち会いとは、患者を挟んでふたり以上の医師が、誤診のないよう診断の確認をしあうことである。武見氏は医師会の要職に就いていたため診断のみで、治療は専《もっぱ》ら母に任せた。

母の場合、静脈注射は別として、皮下《ひか》注射を打つときはまるでダーツをすーっと投げ込むようにして注射針を患者の腕に射した。左手は軽く添える程度だ。

肩こりのときなどは、太い注射針を垂直に肩にぐさーっと射し込んだ。見ていて、その度胸の良さとプロの持つ残酷さが見て取れた。

そんな様子を再三見た武見氏が、

「注射の上手い女医だなぁ」

と感心していたという。

もともと祖父から、

「女医だからといって戦地へ赴《おもむ》いた際、盲腸《もうちょう》のひとつも手術できなくてどうするのか」

という忠告で、帝国女子医学専門学校（現・東邦医科大学）を卒業後は「駒込《こまごめ》病院」で外科を専攻したのだ。それで、手術には慣れていたろう。

浅草《あさくさ》は、戦前から名の通った親分衆が大勢住むことで有名である。

「素人《しろうと》衆には悪さをしない」

住民の子と親分衆の子との交流も成り立っており、自然親たちも挨拶を交わしあう仲だった。

そんな街だから、ある親分の元へも母が頼まれてときどき往診へ行った。

親分とて、疲れるのだ。それで、ブドウ糖注射液の中に、いろいろな種類のビタミン剤やニンニクなどを入れて静脈注射をする。

「倶利伽羅紋々《くりからもんもん》」の親分衆の肌である。手先足先だけを残して、全身見事な刺青《いれずみ》だらけ。その太い腕を取って眺めたとき、さすがに最初は母も唸ったという。

静脈が見えない。腕中が青筋だらけ。龍の尻尾か髭か静脈か、見分けがつかない。親分衆のまわりには、子分たちも膝を立てて見守る。

「えーぃ、この辺だろう」

と母は、静脈があるべき場所あたりをめがけて、ぐさりと針を深く射し込んだという。技術はたしかである。

それ以来、親分の信頼も厚く、風邪を引いたとか、食べすぎてお腹が痛いとか、たびたびお呼びがかかった。また街中で子分衆に出会ったりすると、

「先生、オブでもいかがですか」

と低姿勢で、お茶の誘いを受けたりもしていた。

母もまた、自分の息子がチンピラに腕時計などを巻き上げられたときは、親分の元へ駆けつけ助けを求めていた。

そんな度胸《どきょう》の良い母だったが、和子さんにかかってはむらさん同様、

「おおねが小さい」

と密かに一刀両断されていた。

よく和子さんが「おおねが小さい」という言葉を使ったが、要するに外見は偉そうなことを言っていても、自分の痛みにはヒイヒイ痛がって泣くという意味だったろう。またその痛みさえも前もって怖れて逃げまわる連中を、「おおねが小さい」と形容したに違いない。幼少時から辛苦をなめ尽くし、その悲しみの深さの度合いが桁違いなのだ。

女幡随院長兵衛の計りごと

母とむらさんは一八歳違いである。おみっちゃんとは五歳違い。母が一番若い。一三歳で実母と死に別れ、戦後すぐ交通事故で父を亡くした母にとって、むらさんの存在は姉とも母とも慕う心強い存在だったろう。

母もむらさんほどではなかったが、小型女幡随院《ばんずいいん》ほどの度胸の持ち主だった。多少大雑把なところがあったが、女医としての仕事に誇りを持っていた。

だから、角栄《かくえい》氏の体の変調に気づいたむらさんが、秘密裏にその治療を母に頼んだことは自然の流れだった。

今のように、パソコン検索で患者自らが症状で病名を割り出すことなどできない時代だった。敗戦すぐの時代、病原菌は血沈検査では発見できない。有無は分かる。一応、尿道による感染は疑われただろう。当然、角栄氏ひとりが疑われたわけだ。

私が小学校から帰ると、一時角栄氏が診察室から出てくるのを何回か見たことがある。看護師たちも知っている。

角栄氏、和子さんと一緒になったばかりの二九歳。むらさん五三歳。母三五歳時である。

治療の結果は、逐一母からむらさんへ報告されていただろう。しかし、心配ばかりしている場合ではない。ふたりは話しあって、まず角栄氏の治療に当たったろう。そして、治療でひとまず完治する。だが、すぐまた再発する。その繰り返しだ。

やがて、むらさんと母は気づいたろう。その病原菌の保菌者を。

そのころ、母は呟いた。

「困ったものだねぇ。あの口の端の深いしわは」

急いで、保菌者の治療に取りかかったろう。ただし、本人には内緒で。それは、むらさんの強い意志であったことはたしかだ。

「若いふたりの幸せのために」

それがむらさんと母との間で交わした盤石《ばんじゃく》な誓いだったろう。

できることなら、ふたりに気づかれずに治してやりたい。一旦ことが起きたら助けあうのが、辻家と深井家の深い絆であった。

パンドラの箱

そんなむらさんが、なぜあんなにも残酷な遊びをふたりに仕かけたのだろうか。

むらさんは、パンドラの箱を開けたのだ。

しかし、むらさんにしてみれば、いくら愛しあっているふたりとはいえ、目の前でイチャイチャされたのでは、何かがプツリと切れたのか。

炭管《たんかん》疑獄事件でまだ刑が確定せず上告《じょうこく》中の角栄氏である。いわば蟄居《ちっきょ》の身の上。むらさんひとりが孤軍奮闘《こぐんふんとう》していた。

悲しいクイズ

ある日、角栄氏と和子さんとむらさん三人で居間にいたとき、お母さんが、

「これからクイズを出します」

と言って、紙に筆で似顔絵を描いた。

口の端に、左に二本、右に一本の深いしわの入った、まるで猫のような顔だった。

和子さんの顔から、血の気が引いたという。

一番気にしていた欠点だった。

「分かっております。それ和子でしょ。初めから知っていて、一緒になったのです」

角栄氏が、即座に答えた。

和子さんは、泣きたいくらい、おとうさんの愛情に感謝した。

「わたしたちがあまりに仲が良いのを見て、母さんが嫉妬して意地悪したのです」

和子さんは、当時のことを、やるせない想いで振り返った。


写真を撮るとき、和子さんはいつも笑っていた。それは口の端に深く刻む、横に走る深い亀裂を隠すためだった。横に精一杯伸ばすようにして笑うと、その線が消えた。

まるで猫のようだと、和子さんはいつも思った。そのことをかんがえると、泣きたくなった。

だが、いくら取材だからといって、なぜ和子さんが突然、「悲しいクイズ」を持ち出したか分

からない。

今にして思えば、死期が近づいていたせいか。人生の重荷を下ろしたくなったのか。

私はたじろいた。何もそこまで、自分の恥部を晒すことはないではないか。

和子さんの、すがりつくような目に、思わず口走っていた。

「知らなかったのですか。それ、先天性梅毒の亀裂の証しなのです。母に聞きました」


はたして角栄氏が、和子さんの業病を知ったのはいつからだったろう。もしかしたら、むらさんがパンドラの箱を開けたときか。それとも、もっと前か、後か。

その後、むらさんと角栄氏の間で、どんな会話が交わされたのかは知らない。

ただ言えることは、それからはむらさんと角栄氏と母三人だけの、絶対口外してはいけない秘密になった。

和子さんは、七九歳になるまでそのことを知らなかった。自分が負った業病を露《つゆ》ほども知らずにすごしてきたのだ。

角栄氏は、生涯そのことを和子さんに告げなかった。責めなかった。

そして、もうそれ以上の悲しみを、和子さんに与えたくはなかったのだろう。

なんと大きな愛だったろう。

和子さんは七九歳になって、それは先天性梅毒の証しだと知った。思えば、年をとっても、梅毒検査がプラスになった。それは、一度梅毒反応が陽性になると、完治しても梅毒検査は生涯プラスのままだという。彼女は、きっとおとうさんのせいだと考えてきた。

今となっては、実の父が昔、遊んだせいだろうとしか考えられない。母も早く死んでしまい、誰に訊くこともできないのだ。

ふつう、先天性梅毒で生まれた子どもは、長生きしないといわれてきた。それが、和子さんの場合貧しさで肺病になったがゆえに、治療のお蔭で生き延びたのだと思う。

角栄氏と島中先生との仲立ち

私の母は四〇歳すぎて日本大学大学院へ通い、心臓に関する博士号を修得した。そのとき、大学院生だった島中俊次《しまなかしゅんじ》先生が母の研究助手に就いた。

島中先生はやがて、東京逓信《ていしん》病院へ産婦人科医として勤めることになる。そして、後に産婦人科局長となった。母はむらさんに頼まれ、神楽坂関係者を島中先生へ大勢紹介している。当時逓信病院は、関係者しか通院できなかった。

おりしも、昭和三二年（一九五七年）、角栄氏、戦後最年少の大臣として三九歳で郵政大臣となる。

母が島中先生を角栄氏に紹介した。

真紀子さんのお子さん、孫。和子さんの出産、そしてその孫へとバトンタッチされていく。

島中先生は角栄氏の孫ふたりを、ほとんど同時期、出産させたこともあるのだ。看護師たちが「どちらがおじいさん似か」と噂しあったということだ。

奇しくも、私の従兄の赤松洋医師も一時期逓信病院に勤務し、島中先生とは顔見知りだ。縁とはこのように、縦横に繋がるものだろうか。そして、一体その中心は誰なのだろうか。もしかしたら、それは私の祖父ではなかったろうかと思えてならない。

「角栄さんの部屋」がある病院

新逓信病院建設について故島中先生の奥さまの島中悦子さんはこう語っている。

新逓信病院建設に当たり、初めの計画は一四階建てでした。夫の島中が産婦人科医局長だったときのことです。角栄氏から主人に電話があって、

「先生、建てるのだったら今だよ。今だったらどうにでもなるから」

とおっしゃってくださいました。

もう正業のお産どころではありません。

一四階建て病院の青写真をつくるのに、建設責任者の長に立って、毎晩のように徹夜でした。家にも帰ってきませんでした。あれで主人は体を壊してしまったのだと思います。その後、第一回目の脳梗塞《のうこうそく》に見舞われています。

話はとんとん拍子に進みました。

どのくらい経ったでしょう。青写真がやっとできて、角栄氏のところへ持っていきました。

ＯＫが出ました。始めよう。

そのとき、ロッキード事件。

「島中先生、申し訳ない」

角栄氏に、頭を下げて謝られました。

それで、一四階建てが、九階建てになった。

でも、建ててくださった。

昭和四一年（一九六六年）以来の「東京逓信病院新建設」の願望が、一五年ぶりに叶えられたのです。

よっぽど主人を信用してくださっていたものと感謝しております。

角栄の部屋

新逓信病院が建ったとき、真っ先に九階に「角栄氏の部屋」をつくった。特別室。そこへ入院できるのは、角栄氏だけだった。

今でも、東京逓信病院の地下のどこかに、建設に貢献した人たちの名を刻んだ碑が残っているはずです。

東京逓信病院は、昭和一三年（一九三八年）二月、日本郵政グループ（当時は逓信省）社員とその家族の健康を守るため、職域病院として診療を始めた。診療科一〇、病床数二六〇床だった。
昭和四一年（一九六六年）、「東京逓信病院拡張計画協議会」設置。
その後、紆余曲折の末、
昭和五三年（一九七八年）五月、着工、
昭和五六年（一九八一年）、二月完成を迎えている。
現在、総合病院として、広く一般にも開放されている。
診療科二九。病床数四七七床である。

ちなみに、角栄氏と東京逓信病院との関係について、以下に記してみよう。
昭和三二年（一九五七年）、戦後最年少の大臣として、三九歳で郵政大臣となる。
昭和四〇年（一九六五年）、自民党幹事長就任。
昭和四七年（一九七二年）二月、逓信仮病院完成（現管理棟）。
同年七月、内閣総理大臣就任。
昭和四九年（一九七四年）一二月、田中内閣総辞職。
昭和五一年（一九七六年）、七月、逮捕（ロッキード事件）。

昭和五三年（一九七八年）五月、本病院建設着工。

昭和五六年（一九八一年）一一月、本病院完成。

昭和六〇年（一九八五年）二月二七日、脳梗塞で倒れ、逓信病院へ搬送。

平成五年（一九九三年）一二月逝去。享年七五歳。


角栄氏が昭和四九年（一九七四年）に退陣してからも、政界におけるその勢力は衰えを知らず、「目白の闇将軍」と呼ばれる時代がその後約八年間続いた。

島中先生の奥様、悦子さんの言われる、

「建てるのだったら今だよ。今だったらどうにでもなるから」

と言われたのがいつのことか。

推測するに、それは幹事長と総理に就任する期間ではなかったか。島中先生他界の今では、知りようがない。

しかし、逓信仮病院完成がまさに総理就任の年である。角栄氏、日の出の勢いの時代だった。

「そんなにも、角栄さんと主人との間には信頼関係があった」

と悦子さんは語る。

そして、あるとき、

「こういうのがいるから、何かのときは頼むよ」

と、主人にそう和子さんのことを頼まれたと聞きました。

角栄さんは淋しい人だったと思います。あれだけ華やかにしていたけど、胸襟を開いて話せる人はいなかった。信用する人はいなかったろうと語っている。

角栄の病室を訪ねた女

角栄氏が、脳梗塞で倒れたとき角栄氏は逓信病院へ担ぎ込まれた。

真紀子さんは秘書さえも病室へ入れなかったと聞きます。真紀子さんと奥様しか部屋に入れない。

そんなある日、病院の主人のもとへ、

「会いたいから何とかしてくれ。何とか会わせて」

と連日のように、電話がかかってきた。

「辻和子」と名乗る女性からだった。

主人は器用な人ではないから、

「困ったよ」

と頭をかかえていた。

万一のときは頼むよ、と言われていたから。

しかし、いくら、

「何とかしてくれ」

と言われても、病室にはいつも、奥様か真紀子さんのどちらかがいる。拒絶されることは、目に見えていた。しかし、ついに、その日はやってきた。

ふたりが揃って、地下の駐車場へ降りていったのだ。めったにないことだった。

島中先生は、意を決して辻和子さんを、九階の特別室「角栄氏の部屋」へ案内した。和服姿だったという。

その日まで、辻和子さんは、物陰にじっと隠れるようにして待機していたのだ。

だが、ここに、どうしても解せないことがある。

島中先生は、辻和子さんとは顔見知りのはずなのだ。どうして見間違えたのだろう。田中京《きょう》さんもその京さんの娘さえもが、逓信病院に入院し、産婦人科医としての島中先生の手で取り上げられている。

たしかに和子さんは、いつも金満津のお母さんの言いつけを守って、人前に出ることを避けてきた。それにしても、しばらく会わなかったにしても、和子さんに成り代わった女《ひと》をなぜ見間違えたのだろう。

その女《ひと》の、度胸と演技力。島中先生を、完全に騙しおおせたのだ。見事だと思う。

和子さんが言う。

「わたしは、絶対に病院へは行っておりません」

和子さんは語っている。

「その方は、脳梗塞で倒れたおとうさんを見舞いに、逓信病院へ訪ねていかれています。島中先生が、その方を、私だと勘違いされた。わたしたち、タイプが似ているそうです。けれど、病室には必ず、お嬢様か奥様が残っておられて、どうしても会わせることができなかったそうです。

ところがある日、どういう事情か、お嬢様と奥様が、揃って地下の駐車場へ出かけられた。そのとき、島中先生は、辻和子を、おとうさんの病室へ案内したという。

私は、断じて、おとうさんに会ってはおりません。家の部屋の窓から、市ケ谷《いちがや》のお堀を挟んで斜め向かい側にある、逓信病院のおとうさんの部屋の明かりを、見守っていただけです。会いたくないわけではありません。お約束したからです。

お父さんが倒れた日。朝早く甥《おい》の新宅さんと、おとうさんの末の妹さんが来て、

『一切、病院へは来てくれるな』

『はい、かしこまりました』

そういうやり取りがありました。

『行きませんとも』

私には、そんな意地のようなものがありました。

奥様というものは、芸者の心意気というものを、買っていらっしゃる。その信用を、失うことはできません。

そんな私を、おとうさんは好きだったのです」

目白のお屋敷へ

島中先生と田中家の交流は、その後も続いたという。逓信病院を退院し、二、三の病院を渡り歩かれたと聞くが、角栄氏が目白《めじろ》の屋敷に帰られた後も、介護人を紹介したりした。

相撲を辞めて故郷に帰る予定だった時津風《ときつかぜ》部屋の元力士は、料理もできて、真紀子さんにも「良い人を紹介してくれた」と感謝された。

また、風呂に入れるにしても、角栄氏の体を支えるには、ふつうの男ではとても無理だったという。

島中先生は、当時、目白の邸宅へも往診に行っている。

正面玄関には、いつも報道関係者が張りついていて入れない。

垣根がずっと続いている間に、人ひとりが通れるほどの秘密の穴が開いている。

「申し訳ないけど、そこから入ってください」

そう真紀子さんに言われて、

「えらい所から入ってきたよ」

と言っていた。

その後も、仰々《ぎょうぎょう》しくお医者さんを呼ぶのはあれだからと、

「島中先生きて」

と真紀子さんに頼まれて、血圧測定やら、健康診断に何度か目白へ伺った。


真紀子さんは、巷《ちまた》で言われているような冷たい人ではなかった。

平成一〇年（一九九八年）、島中先生が亡くなられた際には、夫婦連名で霊前へお花を送ってくださった。

花屋が、

「ひょっとすると、角栄氏のお嬢さんの真紀子さんですか。一番に花が届きましたよ」

と驚いていた。

角栄氏の奥様の「はなさん」には、神楽坂近くの大久保《おおくぼ》通りにあった美容院でばったり会ったことがある。

「島中先生の奥様ですか」

と気さくに声をかけてくださった。

美容院の先生が真紀子さんの同級生とかで、真紀子さんも夜、カットやセットにこられていた。

奥様は、田舎出の人のような感じで、とっても大人しそうな方だった。

主人は、往診の謝礼として、ポーンと封筒を戴《いただ》いていた。

中身は、いつも、一〇〇万円。いくつか戴きました。

「田中角栄」と墨で書いた封筒。今でも記念にとってあります。

エピローグ　人生は短し

カラオケの女

和子《かずこ》さんは、カラオケが好きだった。神楽小路《かぐらこうじ》にあったカラオケ店「ひまわり」へよく通った。まず神楽坂通り口にある蕎麦屋「翁庵《おきなあん》」で、ゲソ天を肴《さかな》にそば焼酎《じょうちゅう》を飲む。和子さんの定席は、一番奥の上がり縁を上がった畳敷きだった。

そこで一応でき上がると、カラオケ店「ひまわり」へ繰り出した。

「ひまわり」の階段は狭く急だった。一度酒に酔った和子さんが、ママに抱えられたまま、下まで転げ落ちたという。背中に背負ったお太鼓帯がクッションになり、大事にはいたらなかったが。

店内は壁いっぱいに、マリリン・モンローのポスターが張り巡らされ、革張りのソファが置いてあった。昭和レトロの匂いがした。かなり広い空間だった。

ママは、品の良い綺麗な方だった。

客は年配者が多かった。

大学の名誉教授、引退した大会社の会長。また名の通った出版社が近くに点在していたので、編集者が多かった。

そこでまた、喉を潤《うるお》すために、日本酒をもう一杯。

「これがなくちゃあ、歌えないのよ」

角栄氏は、いつも心配していた。

「和子に酒を飲ませたらダメだ。眠っちゃって、何をされるか分からない」

と。

和子さんが歌い出すと、カラオケ店は、和子さんの独壇場《どくだんじょう》になった。常磐津《ときわづ》で鍛えた喉から出る演歌は、圧巻だった。素人《しろうと》離れしていた。

レパートリーは、待ってましたの「明治一代女」。その他、頼まれれば何でも歌った。

小さな歌謡ブック

ここに、和子さんが残した小さな歌謡ブックがある。使い込んで黄ばんだ歌謡手帳である。表紙に、「全音歌のしおり」と書いてある。戦前発行されたものだろう。

お座敷で歌うとき、帯の間に挟んでおいたものか。

赤鉛筆で丸をつけた数曲がある。

大漁唄いこみ。遠島甚句《としまじんく》。それらにはペンでお座敷を盛り上げるための合いの手まで書き込まれている。

ヨイ　ヨイ　ヨイトナ
コラ　サッサ
ハイト　ナ

その他、

「君恋し」「影を慕いて」「酒は涙か溜息《ためいき》か」「芸者ワルツ」

頼まれれば、軍歌も歌った。

戦場に旅立つ若者を見送る乙女の歌だったろう。

「明日はお立ちか」

軍需工場へ勤労奉仕《きんろうほうし》に行って、飛行機のビスを留めていたころのことが、思い出されたろう。

また、包帯を手でくるくると巻き続けたことも。もんぺ姿だった。


「一体あのお方は、何者ですか」

新入りの客が、訊いてきた。

神楽坂という場所柄、粋筋の方だとは分かっていただろうが。

笑顔しか返せなかった。

和子さんは普段、薄い紫色のシャドーが入った老眼鏡をかけ、地味めの着物姿である。歌うにつれ、酔いがまわり、自然に舞の手が入る。歌にあわせて、踊りのしながが出る。けれど、もうすっかり背中は丸くなり、腰を落とすようにしてマイクを握る姿からは、昔日の名妓《めいぎ》の面影《おもかげ》はなかった。けれど常連の客たちは、そんな姿にも温かい拍手を送っていた。

夜も更けて、大方の客が帰り、ふらつく足でひとりフロアに立つころには、例の歌が始まった。

命もあげた女です
何が私に残ります

「女の酒」だった。最後のセリフは、

お酒をください
お酒を　お酒を

絞り出すようにして囁《ささや》いた。お酒のせいばかりではなかったろう。

そのころは、もうほとんど酔眼だった。

「さぁ、和子さんもう帰りましょう」

酔った体を、ママと一緒に抱えるようにして立たせた。

「帰りたくない」

と呟いた。

おなじ建物内に住んでいるとはいえ、子どもたちはすでに独立し、家庭を持っていた。

「人生一炊の夢」

遠出して、浅草駒形《あさくさこまがた》のカラオケ店へ足を延ばしたこともある。隅田川《すみだがわ》の川面に対岸の灯が揺れて見える、穴場の店だった。

そこの若い客たちは、演歌よりも流行のポップスを好んで歌った。

時代は変わったのだ。

「明治一代女」は場違いな感じがした。若い人たちは雑談に夢中で、歌を聴いてさえいなかった。若い客たちが次々に披露《ひろう》する速いテンポの曲に、喝采《かっさい》が起こった。気押《けお》されるように、和子さんのフロアに立つ数も減っていった。歌う歌、歌う歌が、空まわりするように場に合わなかった。ひたすら飲んだ。和子さんは荒れていたのだろう。

「『芸者ワルツ』でもいきますか」

ふざけるように言ってみた。

「『女の酒』を」

首を垂れて、眠りかけていた。

若い人たちの歌を何曲か待って、フロアへ送り出した。

命もあげた女です
何が私に残ります

絞り出すようにして歌う声を聞きながら、「これでお開きか」。

そう思ったとき、突如、歌が止まった。

歌を失った曲が、流れていく。

フロアの中央で、和子さんが、両手で握ったマイクを下ろしたまま立ちすくんでいた。

目を閉じている。

夢をみているのか。

「人生一炊の夢《じんせいいっすい》」を。


和子さんに訊いたことがある。

「人生は短いですか、長いですか」

答えは、一瞬にして返された。

「短い」

あまりにも貧しく惨めだった子ども時代。それに続く華やかな芸者時代。日本の宰相《さいしょう》と結ばれて半世紀。その「おとうさん」も、もういない。

「わたし、死にたくなっちゃった」

弱々しく笑いながら、そう呟く声を、誰も慰《なぐさ》めることはできなかった。

異変に気づいた客の何人かが、椅子から振り返って彼女を見たが、それ以上の関心は持たなかった。

酒に酔った女の、それも酔った老婆の酔態《すいたい》だった。

幻の出版企画

自伝『熱情』（講談社　平成一六年刊）を出版してから、和子さんのもとへは何社もの出版依頼があった。そして、その中の一社と契約を交わした。

和子さんの、来し方行く先を自由に語るという企画だった。

題名は、「わたしの神楽坂」か、活き活きと羽ばたいていた芸者時代の「お座敷語り」にしようかと迷っていた。楽しい企画だった。

取材は、神楽坂に近い飯田橋《いいだばし》近くのホテルが多かった。上野《うえの》、浅草まで足を延ばしたこともあった。

そしていつでも最後は、神楽坂へ戻り、馴染《なじ》みのカラオケ店「ひまわり」に落ち着いた。

レシートの日付を見ると、平成一七年（二〇〇五年）一一月後半から、翌年の正月六日までの七回の取材となっている。

和子さんは健啖家《けんたんか》でお酒もよく飲まれた。その合間に語る言葉は、昔の神楽坂は本当に良い所だったという郷愁《きょうしゅう》とため息交じりの懐古《かいこ》談が多かった。

日本の芸者を描いたハリウッド映画『ＳＡＹＵＲＩ』も、一緒に観にいった。批評は惨々だったが。

当時、巷ではホステスさんが書く「良い男の条件」とか「一流の男を捕まえるには」といった、指南《しなん》本がよく売れていた。和子さんは、少なからずその手の本に反発した。それで、自然と、ホステスさんと芸者との客に対する対応の違いを多く語った。


企画の目次を書いてみよう。

一、人生は短い

一九、一流の芸者衆
二〇、お座敷
　　　　気遣い
　　　　意地悪
　　おとうさんが連れてくる客　刎頸の友
二一、ハリウッド映画『ＳＡＹＵＲＩ』を観て
二二、チントンシャンで男を射止める
二三、昔のことを思い出すと恥ずかしさが
二四、おとうさんの女性観

二五以降はない。打ち切りになった。
何気なく出た表題が発端だった。
それは、「悲しきクイズ」という題だった。
結果、この企画はお流れになった。
そのとき、どうしてもそれだけは勘弁してと、和子さんが強く断ったからだ。
私が何気なく言った言葉が、和子さんに止《とど》めを刺した。
「止めを刺す」

人や生きものを殺すとき、最後にその喉を刺すなどして息を絶つこと。もちろん、私にそんな気は毛頭なかった。ただ、私がふと漏らした言葉が和子さんに止めを刺した。

「その口の端の亀裂は先天性梅毒の証しなんですよ。知らなかったのですか。母に聞きました」

わたしの「おとうさん」

後日、赤松洋《あかまつひろし》先生が力強く断言してくださった。

「治療を一生懸命受けたという事実があれば、問題ない」

先生は昭和三十年代の一時期、一ヵ月に一度ほど母に請われて神楽坂の検番へアルバイトにみえていた。置屋「金満津」へも、息子さんの小児喘息の治療に往診されている。

赤松洋先生は、日赤医療センターの元新生児科部長で、わが国で三番目の全例生存、「五つ子ちゃん」の成長発達を担当した著名な小児科医だ。また、故三笠宮《みかさのみや》家のおふたりの御息女、彬子《あきこ》様、瑶子《ようこ》様の健康管理にも長く努められている。

どうしてもっと早く、和子さんに赤松先生に聞いた話を聞かせてあげられなかったのか。悔やまれる。あのとき、その知識さえあったら、どんなに彼女を楽にしてあげられただろう。数多《あまた》の出版依頼にも応じられたはずだ。

わたしも、元総理に禍《わざわい》が生じることを恐れたのだ。とても書けないと。

あまりにも病弱だった子ども時代。早死にした実母。父親の花柳界遊びが原因としか考えようがないが、今となっては訊きようがない。

だが、お母さんも浅草の先生も。おとうさんまでもが、業病の事実を知っていたなんて。

何という「大きな愛」だろう。

角栄氏は、死ぬまで和子さんを責めなかった。和子さんをこれ以上傷つけまいと、業病の名を隠し続けてきた。

「おまえ、そんなに苦労したようには見えないぞ」

いつも角栄さんはそう言っていた。

だから、和子さんから子どものころのあまりにも悲惨な生い立ちを聞かされてきて、もうそれ以上の悲しみを与えたくなかったのだろう。

和子さんは、初めて目が覚めたろう。

「わたしはなんて愚かだったろう。知らなかったとはいえ、おとうさんの大きな愛に気づかなかった。何の恩義も返せなかった」

帰ってこないおとうさんを待って、その脇にいる佐藤昭《さとうあき》さんに嫉妬《しっと》し続けた。強がってはみたが、心底屈辱だった。

佐藤昭さんも、和子さんの家のまわりを探索し、辻和子の名を騙って入院中の角栄氏に会いにいった。強い女だったが、彼女も和子さんの存在に苦しんだに違いない。

再出版本を、平成一八年（二〇〇六年）に諦《あきら》めてから、和子さんは家に引き籠もるようになった。もうカラオケにも行かなくなった。お酒も止めた。出版に関する話は、一切しなくなった。

そして、その一年後、「脳梗塞《のうこうそく》」に倒れた。

和子さんが搬送されたのは、奇しくも角栄氏も入院した馴染みの逓信《ていしん》病院だった。そこで一年間を寝たきりの状態ですごし、亡くなられたのは転院を勧められて移った後、間もなくのことだった。

平成一八年（二〇〇六年）一月六日、「ひまわり」で和子さんが語っている。

わたし、最近、死んだ後のことばかり夢に見るんですよ。おなじ夢。
あちらでね、華やかに暮らしている。
わたしの顔に、死相でも出ているのでしょうか。
こちらでは、わたしの名前が出るの。新聞に。大きくね。
おとうさんですか？　出てきません。
あちらで、おとうさん、浮気してる――。

平成二一年（二〇〇九年）二月一三日、辻和子さんは、足立《あだち》区の病院で死去した。

逓信病院にいたころは、病状は当初こそ安定していたが、すぐに意識混濁《こんだく》、見舞いの人の顔も見分けられなくなっていった。

それでも、しきりに、

「誰もこない、誰も会いにきてくれない」

と、譫言《うわごと》のように言っていたという。

一年もすぎようとしたころ、胃瘻《いろう》治療が始まった。

病院側はたまりかねたように、転院を勧めた。

そして、波乱に充ちた人生の終焉《しゅうえん》地となる、足立区の総合病院へと移っていった。行年、八二歳。

死亡記事は出なかった。各新聞社は一様に、何も書かなかった。

友人の新聞記者が言った。

「肩書を何て書くのですか？　書けません。妾《めかけ》、二号さん、愛人？」

それでも、一ヵ月もすぎるとぽつぽつと、彼女の死去に関する記事が出た。

一部の週刊誌や、署名入りの囲み記事が新聞に出た。生前取材して好印象を持った記者たちだったろう。

それにしても、ふつう、病院は脳梗塞で搬送された患者を、一年間も入院させるだろうか。余程のことがないかぎり、三ヵ月もすると転院を促される。

島中俊次先生の未亡人、悦子さんが言う。島中先生は、産婦人科医として長年、逓信病院へ勤まれていた。

「どなたか逓信病院建設当時の関係者が、残っておられたのじゃあないかしら」

和子さんの葬儀に、痩《や》せた体をくの字にして、駆けつけた料亭「白宮《ぱいくん》」の女将（秀龍さん）も、後を追うようにして五月に亡くなった。

子どものころから、何をするにも一緒だった四人組。その中のふたりが、同時期に前後して姿を消した。不思議でならない。

「和子さんに、呼ばれたのね」

と誰もが噂しあった。

四人組の中の他のふたり、敏子《としこ》さんは、ご病気で長いこと入院中だ。雅子《まさこ》さんだけが、ご健在である。

再び思います。すぎゆくときだけが、その答えを知っていたと。

和子さんの声が聞こえてくるような気がします。

「わたしの源氏名は、『円弥《えんや》』と申します。弥生の、春三月に生まれました。そして春を待たずに、如月《きさらぎ》二月に逝きました。

おとうさんの『大きな愛』に支えられた生涯でした」

著者略歴

一九三八年、東京・浅草に生まれる。LACC（ロスアンゼルス シティカレッジ）に留学。帰国後、渋谷ジアン・ジアンで公演された「松岡計井子　日本語でビートルズをうたう」でビートルズの七二曲の訳詞を担当する。LPレコード「ジョン・レノンの心」松岡計井子（歌）深井美野子（訳詞）も販売。戯曲の「サヨナラ　サンセット」（吉行和子・橋爪功　共演）の脚本を手掛け、著書に『サヨナラ・サンセット』（審美社）などがある。

先祖の深井吉兵衛はヒゲタ醤油の創業者。祖父と母は浅草で医院をやりながら、母は神楽坂の検番医を務めた。その関係から、幼いときから母に連れられて神楽坂に出入りしており、芸者置屋の辻家の養女辻和子さんと、辻家に若い頃から出入りしていた田中角栄氏とは親しい関係にあった。

神楽坂純愛《かぐらざかじゅんあい》
——田中角栄《たなかかくえい》と辻和子《つじかずこ》

二〇一八年二月九日　第一刷発行

著者　深井《ふかい》美野子《みやこ》
発行者　古屋信吾
発行所　株式会社さくら舎　http://www.sakurasha.com
東京都千代田区富士見一-二-一一　〒一〇二-〇〇七一
電話　営業　〇三-五二一一-六五三三　FAX　〇三-五二一一-六四八一
編集　〇三-五二一一-六四八〇　振替　〇〇一九〇-八-四〇二〇六〇
装丁　アルビレオ
化粧扉画　竹久夢二
印刷・製本　中央精版印刷株式会社

©2018 Miyako Fukai Printed in Japan

ISBN978-4-86581-136-0

本書の全部または一部の複写・複製・転訳載および磁気または光記録媒体への入力等を禁じます。これらの許諾については小社までご照会ください。

落丁本・乱丁本は購入書店名を明記のうえ、小社にお送りください。送料は小社負担にてお取り替えいたします。なお、この本の内容についてのお問い合わせは編集部あてにお願いいたします。

定価はカバーに表示してあります。

さくら舎の好評既刊

水島広子

「心がボロボロ」がスーッとラクになる本

我慢したり頑張りすぎて心が苦しんでいませんか？「足りない」と思う心を手放せば、もっとラクに生きられる。心を癒す43の処方箋。

1400円（＋税）

定価は変更することがあります。

さくら舎の好評既刊

水島広子

プレッシャーに負けない方法

「できるだけ完璧主義」のすすめ

常に完璧にやろうとして、プレッシャーで不安と消耗にさいなまれる人へ！　他人にイライラ、自分にムカムカが消え心豊かに生きるために。

1400円（＋税）

定価は変更することがあります。

さくら舎の好評既刊

T.マーシャル
甲斐理恵子：訳

恐怖の地政学

地図と地形でわかる戦争・紛争の構図

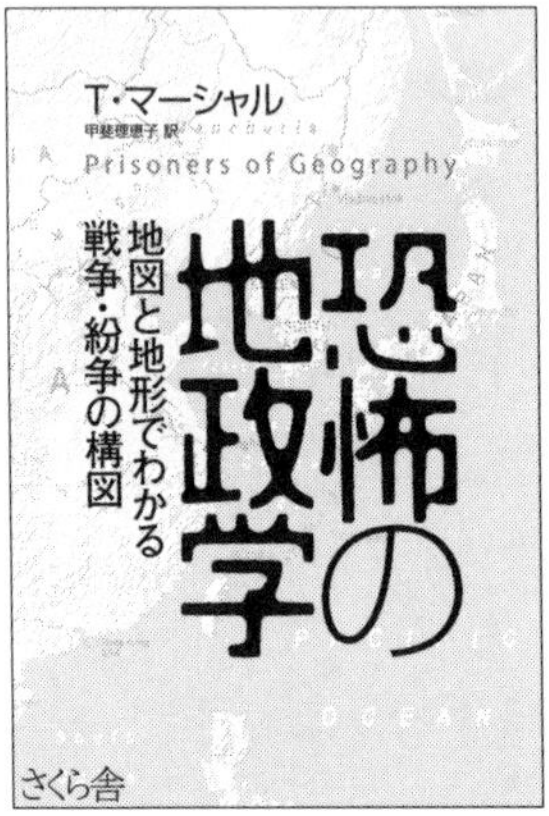

ベストセラー！　宮部みゆき氏が絶賛「国際紛争の肝心なところがすんなり頭に入ってくる！」中国、ロシア、アメリカなどの危険な狙いがわかる！

1800円（＋税）

定価は変更することがあります。

さくら舎の好評既刊

山本七平

日本はなぜ外交で負けるのか

日米中露韓の国境と海境

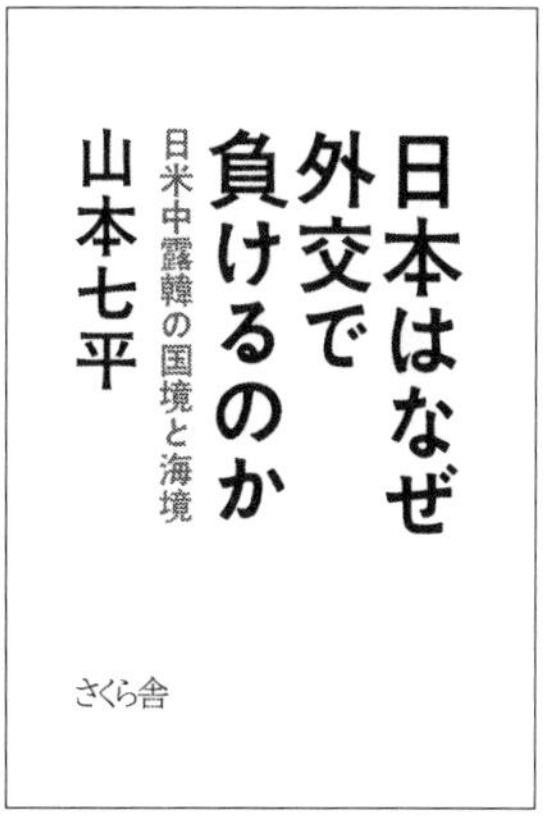

外交なき日本！　日本は次々と国益を失っている！　尖閣・竹島も捕鯨問題も、とっくに予見されていた。山本七平が示す真の外交の本質！

1600円（＋税）

定価は変更することがあります。

さくら舎の好評既刊

名郷直樹

65歳からは検診・薬をやめるに限る!

高血圧・糖尿病・がんはこわくない

治療をしてもしなくても、人の寿命に大差はない。必要のない検診・薬を続けていないか？　定年になったら医療と生き方をリセットしよう！

1400円（＋税）

定価は変更することがあります。